本书得到以下支持：

• 国家自然科学基金项目——基于地格视角的旅游目的地品牌基因选择研究（项目
• 2015年北京社科规划基地项目——"一带一路"背景下京津冀旅游一体化战略研究（项目编号：15JDJGA006）
• 教师队伍建设——组织部高创计划教学名师（项目编号：PXM2016-014221-000010 -00206291-FCG）

MTA经典案例丛书

格凸河传奇

The Legend of Getu River

邹统钎　主编

经济管理出版社
ECONOMY & MANAGEMENT PUBLISHING HOUSE

图书在版编目（CIP）数据

格凸河传奇/邹统钎主编 . —北京：经济管理出版社，2017. 6
ISBN 978 - 7 - 5096 - 5250 - 3

Ⅰ. ①格…　Ⅱ. ①邹…　Ⅲ. ①旅游区—旅游资源开发—研究—紫云苗族布依族自治县
Ⅳ. ①F592. 773. 4

中国版本图书馆 CIP 数据核字（2017）第 168382 号

组稿编辑：王光艳
责任编辑：许　兵
责任印制：黄章平
责任校对：董杉珊

出版发行：经济管理出版社
　　　　　（北京市海淀区北蜂窝 8 号中雅大厦 A 座 11 层　100038）
网　　　址：www. E - mp. com. cn
电　　　话：(010) 51915602
印　　　刷：三河市延风印装有限公司
经　　　销：新华书店
开　　　本：720mm × 1000mm/16
印　　　张：9
字　　　数：152 千字
版　　　次：2018 年 2 月第 1 版　　2018 年 2 月第 1 次印刷
书　　　号：ISBN 978 - 7 - 5096 - 5250 - 3
定　　　价：68. 00 元

旅游管理专业学位硕士研究生 (MTA) 案例丛书编委会

编委会主任

顾晓园　北京第二外国语学院党委书记

计金标　北京第二外国语学院校长、教授

主编

邹统钎　北京第二外国语学院校长助理、研究生处处长、教授

　　　　全国 MTA 教育指导委员会委员

　　　　世界旅游城市联合会（WTCF）专家委员会副主任

　　　　中国旅游协会旅游教育分会副会长

副主编

林德荣　厦门大学旅游与酒店管理系主任、教授

　　　　全国 MTA 教育指导委员会委员

吴忠军　桂林理工大学旅游学院院长、教授

编委 （按拼音排序）

把多勋　西北师范大学旅游学院院长、教授

卞显红　浙江工商大学旅游规划研究院院长、教授

Cang Shuang　Bournemouth University, Professor

蔡　红　首都经济贸易大学旅游管理系主任、教授

陈　荣　中国国旅集团副总裁

陈　耀　海南省旅游发展委员会巡视员

Nelson Graburn University of California at Berkeley, Professor

谷慧敏　北京第二外国语学院酒店管理学院院长、教授

郭英之　复旦大学旅游系教授

侯长森　吉林省长白山保护区管理委员会旅游集团董事长

韩玉灵　北京第二外国语学院教授、全国 MTA 教育指导委员会委员

黄远水　华侨大学旅游学院院长、教授

李瑞峰　江西省旅游发展委员会副主任

厉新建　北京第二外国语学院旅游管理学院院长、教授

刘大可　北京第二外国语学院经贸与会展学院院长、教授

刘　锋　巅峰智业集团首席顾问

骆欣庆　北京第二外国语学院 MTA 中心主任、副教授

江金波　华南理工大学经济与贸易学院副院长、教授

马金刚　青海省旅游局副局长

Fang Meng South Carolina University, Associate Professor

Noel Scott University of Queensland, Professor

孙根年　陕西师范大学旅游与环境学院教授

魏红涛　首都旅游集团有限责任公司党委副书记
　　　　全国 MTA 教育指导委员会委员

杨维虎　贵州格凸河旅游开发总公司董事长

叶文智　黄龙洞投资股份有限公司总经理
　　　　天下凤凰文化传播有限公司董事长

余昌国　国家旅游局人事司副司长

张朝枝　中山大学旅游学院副院长、教授

张河清　广州大学中法旅游学院院长、教授

张　涛　呀诺达雨林文化旅游区创建人

总　序

　　2010 年 9 月，国务院学位委员会设立了旅游类专业学位硕士——旅游管理专业学位硕士（Master of Tourism Administration，MTA）。MTA 主要招收具有一定实践经验，并在未来愿意从事旅游业工作的人员，其目标是培养具有社会责任感和旅游职业精神，掌握旅游管理基础理论、知识和技能，具备国际化视野和战略思维能力，敢于挑战现代旅游业跨国发展的高级应用型旅游管理人才。我国共有 56 所高校获得了第一批旅游管理专业学位硕士（MTA）授予权。

　　MTA 可以借鉴 MBA 的经验，但是 MTA 绝对不能照搬 MBA 的模式。由于行业特征突出，在规模上无法同 MBA 相比，因而专注行业、服务地方才是 MTA 的制胜之道。

一、世界名校 MTA 教育经验

　　瑞士洛桑酒店管理学院、美国康奈尔大学、佛罗里达国际大学和中佛罗里达大学、香港理工大学都是世界上旅游管理专业名列前茅的学校，它们在培养目标定位、课程设置和就业指导方面各具特色，培养了一批又一批世界级的旅游行业领袖。

1. 培养目标定位

　　世界著名旅游院校在专业学位硕士培养方面都有自己明确的目标定位。洛桑酒店管理学院的酒店管理硕士 MHA 的定位是培养酒店业的领导者，而且要培养与酒店相关的一般服务行业的领导者；康奈尔大学的酒店管理硕士 MMH 的定位是培养新一代的世界最大和最具活力的产业领袖，而且是能够引领酒店业潮流的领袖；佛罗里达国际大学酒店管理硕士的定位是培养旅游与酒店行业的领导者；中佛罗里达大学旅游与酒店管理硕士的定位是培养集教育、科研、学术于一身的产业领袖；香港理工大学旅游与酒店管理硕士的定位是培养全球旅游与酒店行业的国际领袖、教育家以及研究人员。从上述可以看出这几所学校的旅游与酒店管理硕士的培养目标都是领导者，但具体的定位各有特点，见表1。

表1　世界旅游名校旅游管理专业学位硕士项目的定位与特色

学校	目标定位	特色
洛桑酒店管理学院	酒店及酒店相关行业的领袖	不仅局限于酒店行业，更渗透到一般服务业
康奈尔大学	新一代世界级产业领袖	"世界级"，而且能引领酒店业潮流
佛罗里达国际大学	旅游与酒店行业的领导者	一般领导者
中佛罗里达大学	酒店和旅游方面集教育、科研、学术于一身的产业领袖	集教育、科研、学术于一身
香港理工大学	全球旅游与酒店行业的国际领袖、教育家以及研究人员	不仅培养行业领袖，也培养教育家和科研人员

2. 课程设置

课程设置是教育教学中非常重要的一个环节，它关系到整个教学过程如何展开。世界著名的旅游院校的课程大多由三部分组成：理论课、实践课以及毕业论文报告。但在具体课程设置上不同学校各具特色。

洛桑酒店管理学院的理论课主要表现为四大模块：酒店艺术、管理科学、战略和公司愿景以及创新和领导。在不同的模块下面设置不同的课程，酒店艺术和管理科学模块主要是让学生对酒店业有基本了解并掌握一些财务知识和技能；战略和公司愿景以及创新和领导模块主要是让学生了解最新的行业动态并掌握适应行业需要的领导能力。实践课主要包含四个实践项目：管理业务项目、职业生涯工作坊、专业发展小组和行业游历。

康奈尔大学 MMH 的理论课主要包括核心课（如公司财务、管理会计、服务营销管理、运营管理和人力资源等）、集中选修模块课（如市场营销、运筹和税收管理、房地产金融与投资等）和自由选修课，实践项目包括专业培养项目、领导培养计划、实习、酒店管理论坛和大师课堂。

佛罗里达国际大学和中佛罗里达大学的课程设置基本一样，都包括必修课和选修课以及毕业实习。香港理工大学的理论课是由必修课（如旅游与酒店营销、旅游与酒店人力资源、研究方法等）、选修课（如信息管理、文化旅游、服务质量管理、会展管理、旅游战略管理、会议旅游等）以及一些特殊选修课（如会议和事件管理等）组成，实践课包含一个学习技能工作坊。

从以上资料来看，由于不同学校的文化背景不同，目标定位也不同，因而课程设置突出了不同的重点，见表2。

表2　旅游管理硕士课程设置特点

学校	课程设置特点
洛桑酒店管理学院	理论教学主要集中在商学领域，强调操作技能和全面管理，实践教学重在培养学生的岗位适应能力
康奈尔大学	理论教学主要集中在商业和管理领域，实践教学注重培养学生的领导能力
佛罗里达国际大学	理论教学注重管理技能和研究方法的培养，实践教学主要集中在产业实习上
中佛罗里达大学	理论教学注重培养学生的职业能力和综合素质，实践教学注重行业经验的获取
香港理工大学	理论教学主要集中在经济管理以及语言上，并注重研究方法的使用，实践教学注重产业适应能力的培养

3.就业指导

就业指导工作是旅游教育中非常重要的一个部分，它在一定程度上关系到学生的就业率以及学校的生源。世界旅游名校旅游与酒店硕士教育在就业指导方面有一些非常成功的经验。一是重视就业指导，主要表现在将就业指导贯彻整个教学的始终，从学生进入学校起就开始培养他们就业的各种技能，并在不同的阶段开展不同的培训课程和实践活动。二是拥有庞大的校友网络，通过多年的积累，校友网络能把历届优秀的校友联系在一起，形成非常强大的资源，为学生提供良好的职业发展机会。当然不同的学校在就业指导方面各具特色，具体的比较如表3所示。

表3　就业指导的机构与功能

学校	就业指导情况
洛桑酒店管理学院	设有就业指导中心；拥有分布于120个国家的近25000人的校友网络
康奈尔大学	为每位学生安排一位业界校友作为成长导师并提供就业指导；拥有11000人的校友网络
佛罗里达国际大学	设有职业规划办公室，提供各种职位信息；校友协会，提供各种就业机会
中佛罗里达大学	设有职业发展中心、职业发展工作坊、个人评估的工具（迈尔斯布里格斯类型指标）

二、我国MTA教育的发展方向

1. 明确培养目标，培养全球旅游产业领袖

国务院《关于加快发展旅游业的意见》（国发〔2009〕41号）提出"把旅游业培育成为国民经济战略性支柱产业和人民群众更加满意的现代服务业""力争到2020年我国旅游产业规模、质量、效益基本达到世界旅游强国水平"的战略目标。另外，到2015年，预计我国游客市场总量可达35亿人次。伴随着旅游市场需求的多样化，届时我国旅游业对高层次应用型人才的需求将更大。结合我国旅游发展的战略要求和旅游市场的人才需求，借鉴国外旅游管理硕士教育经验，我们提出MTA要培养全球产业领袖。即培养具有社会责任感和旅游职业素养、具备国际化视野和战略思维能力、能够胜任现代旅游业实际工作的全球领袖人才。为确保旅游产业领袖目标的实现，MTA的课程设置、师资配备、教学方法、就业指导等方面也都要以此为指导全面展开，并落到实处。

2. 完善课程体系，创新课程设置

在课程设置上，借鉴国外优秀的教育经验，并结合本国旅游产业环境的实际情况，将 MTA 课程体系分为五部分：公共基础课、MTA 核心课、MTA 必修课、MTA 选修课和 MTA 模块课。

公共基础课主要包括英语、哲学、传统文化等课程。

MTA 核心课主要包括管理的一些基础课程，如旅游会计学、旅游营销学、旅游运营和管理、旅游公司理财、旅游战略管理、旅游法律法规、旅游信息系统与电子商务、旅游人力资源、旅游前沿理论等，使学生全面了解并掌握旅游行业管理中所需的基本知识和技能。

MTA 必修课主要包括领导科学和艺术、服务精神与艺术、管理经济学、管理统计学、文献阅读与论文导向等，使学生对自己的定位——旅游产业领袖的特质领导能力和服务精神有更加深入的了解，同时也培养了他们作为研究生应具备的写作能力。

MTA 选修课主要包括旅游目的地、旅行社、酒店以及会展等方向的一些细分课程以及关于旅游产业领袖和旅游服务精神的专题课程等。学生可以选择自己感兴趣的方向，深入了解，找准自己的定位。

MTA 模块课主要包括旅游企业财务、战略、人事、营销、国际化和新业态六个模块，这些模块课都是在企业现场教学，使学生对企业各个方面的操作和运营有一个真实的了解，并锻炼学生在真实的环境中解决问题的能力。

3. 建立校友网络，加强就业指导

综合几所世界旅游名校的就业指导经验，可以看出校友网络在促进就业上扮演着越来越重要的角色。我国 MTA 院校也应建立 MTA 校友会，以加强各界校友的联系，为学生提供更广阔的学习交流平台和实习就业机会。同时，设立 MTA 就业指导中心，提供全面的就业指导服务。第一学年，帮助学生做一个个人评估，让学生了解自己的职业兴趣和能力偏向，制定出自己的职业规划；第二学年，开展求职讲座和求职技巧培训，并提供各种产业实习的机会。最后，及时提供和更新各种企业的职位招聘信息，并对毕业生提供一对一的就业指导。

三、BISU-MTA——未来旅游产业领袖的摇篮

北京第二外国语学院 MTA（简称 BISU-MTA）是国内 MTA 的急先锋。2010 年 10 月下旬，国务院学位委员会成立了首届全国旅游管理专业学位硕士研究生教育指导委员会。在此之前，2010 年 9 月 25 日，由北京第二外国语学院、中国旅游人才发展研究院、北京旅游发展研究基地联合举办的"中国旅游高端人才培养与 MTA 项目实施研讨会"在北京国际饭店隆重召开。与会者就 MTA 的人才培养模式进行了智慧碰撞。

1. BISU-MTA 的核心理念

（1）人才培养类型——旅游产业领袖。北京第二外国语学院在国家旅游局的指导下，在学校领导的支持下，创造性地提出了 MTA 培养的核心理念，即培养未来旅游界的产业领袖。旅游产业领袖就是具有全球愿景和国际化视野，在竞争激烈的国际旅游市场中敢于冒险和挑战，具有创新和团队合作能力，领导追随者实现组织目标的人。

（2）战略途径——国际化、产学研一体化。国际化包括与国外旅游院校的交流合作、师资团队的国际化、教学环境的国际化以及学生参与国际学习和实习的机会。目前北京第二外国语学院旅游管理学院的国际化主要体现在教师的国外交流、国际项目合作、招收留学生三方面。为了培养全球旅游产业领袖，北京第二外国语学院将进一步引进国外的师资，在 MTA 的授课中采取双语或纯英语教学，并建立更多的国外实习基地。

产学研相结合中的"产"是指校内外的各类产业和生产实践活动，产业需求是院校办学的立足点和驱动力；"学"是指教育教学，包括理论教学和实践教学以及对学生知识能力、综合素质的培养和教育，是办学之本，是产学研的核心；"研"是指教研、科研等实践活动，是办学的先导和技术支撑。北京第二外国语学院以服务国家旅游产业、服务北京建设世界旅游城市为己任。为培养旅游产业领袖，北京第二外国语学院将进一步完善产学研一体化

体系建设，真正做到以研助产、以研促学、以产辅学。

2. BISU-MTA 的方向设置与课程体系

MTA 的培养与普通旅游管理硕士的培养有明显的不同，MTA 教育在教学内容上坚持理论与实践相结合，突出旅游业关联性强、辐射面广和构成复杂的特点，在核心必修课程的基础上，融合不同的模块课程进行旅游管理能力和专业业务能力的培养。

北京第二外国语学院的 MTA 设置六个培养方向，分别是酒店管理、旅行社管理、旅游景区管理、会展管理、旅游公共管理和旅游新业态管理。课程体系分为五大部分，分别为：公共基础课、MTA 核心课、MTA 必修课、MTA 选修课和 MTA 模块课。其中公共基础课主要是英语、哲学和传统文化学习，其他课程的详细内容如表 4、表 5、表 6、表 7 所示。

表 4　MTA 核心课

旅游法律法规	旅游人力资源
旅游会计学	旅游营销学
旅游运营与管理	旅游公司理财
旅游战略管理	旅游信息系统与电子商务
旅游前沿理论	

表 5　MTA 必修课

领导科学与艺术	服务精神与艺术
管理经济学	管理统计学
文献阅读与论文导写	

表 6　MTA 选修课

旅游休闲经济理论与实践	旅游产业政策解读
旅游目的地开发与规划	旅游创业与创新
旅游市场营销理论与实践	旅游新业态
旅行社管理与实践	服务管理新技术、新方法
酒店管理理论与实践	旅游产业领袖专题
旅游景区经营与管理	旅游服务精神专题
会展经济与管理	服务质量管理
旅游商务英语	旅游企业文化

表7 MTA模块课

旅游企业财务模块	旅游企业营销模块
旅游企业战略模块	旅游企业国际化模块
旅游企业人事模块	旅游新业态模块

3. BISU-MTA的三大教学方法与五大师资力量

MTA教育在教学方法上要注重启发学生思维，将课程讲授、案例研讨、团队学习和专业见习与实习等多种方式相结合，旨在培养学生的思维能力及分析问题和解决问题的能力。北京第二外国语学院的MTA借鉴国外专业学位硕士教育的经验，采取了以下三种教学方法：

（1）案例教学。北京第二外国语学院将通过同地方旅游局、旅行社、酒店、景区、会展等机构合作创建MTA案例库，在真实的旅游产业环境中培养学生角色扮演、行业分析、寻找解决方案的能力与方法。

（2）产业问题学习法（FBL）。产业问题学习法（以下简称FBL）是哈佛商学院的教学方法之一，它是由三个或三个以上的人组成团队，在教师的指导下，同赞助机构紧密合作，解决现实的产业问题。FBL同样可以运用到MTA的教学中，通过带领学生到旅行社、酒店、旅游景区、航空公司等具体的旅游产业环境中去解决现实的产业问题，培养学生的问题处理和决策能力。

（3）现场体验学习法（IE）。现场体验学习法为学生提供一个"浸入"到全球学术、文化以及不同组织中工作的机会，使学生能够将课堂学到的一些领导理念运用到管理实践中，并与社团和企业领导人进行直接的互动。在MTA的教学中，尽量为学生提供游学的机会，到不同的国家和地区获取真实的体验和经历。

实行双语教学与纯英语教学。为促进MTA教育的国际化，北京第二外国语学院MTA主要采取双语教学或纯英语教学。纯英语教学主要由外国教师担任，使学生拥有良好的英语学习环境，同时培养学生双语学习的能力，为国际化事业打好语言基础。

MTA 的师资来源是保证 MTA 教育成败的关键。按照国家旅游局的要求，结合学校特色与实力，北京第二外国语学院提出了 MTA 五大师资来源，分别是：业界领袖，国内旅游业公认的领军人物；咨询机构，旅游业内著名咨询师；政府工作人员，国家旅游局、各地方旅游局相关政策制定者；高校名师，北京第二外国语学院 3 位副校长、5 位学院院长挂帅 MTA 课堂，国内著名教授；世界名流，国际大型旅游集团总裁，国际知名学者。

四、BISU-MTA 的六个合作领域

MTA 教育强调实用性，因此需要与产业界人士建立广泛而深入的联系，从产业的人才需求出发，开设课程，进行培养。在产业合作方面，北京第二外国语学院提出了六大合作领域。

1. 调研合作

MTA 培养旅游行业实用型高级人才，因此，对企业人才需求的准确把握就显得尤为重要。北京第二外国语学院将深入企业一线进行调研，真正了解企业人才的需求现状，根据企业需求，设定培养方案，然后再交由企业修改，如此反复，最终制定出准确、有效的 MTA 培养体系。

2. 导师合作

MTA 实行双导师制，一名学生由两名导师指导，包括学术界的导师和产业界的导师。北京第二外国语学院将邀请业内的行业领袖来担任 MTA 学员的第二导师，让现今的行业领袖去培养未来的行业领袖。

3. 定制合作

与一些大型旅游企业或各旅游局合作培养 MTA 学员，实现 MTA 培养的定制化。对这些 MTA 学员，可以根据企业或者地方特色，开设特色课程，使旅游人才的培养更具有针对性。

4. 课程合作

现在很多企业内部都有成型的培训课程体系，北京第二外国语学院将邀请有成型培训课程的企业老师带着课程进课堂，因为这些课程真正来源于企业一线实践。将企业内部的课程放到 MTA 平台上来，将惠及更多的业内人士。

5. 案例合作

MTA 教育的一个重要内容就是案例教学，北京第二外国语学院首先提出了两年 30 个高质量案例的教学模式。通过对我国旅游企业的案例整理，建立具有中国特色的 MTA 案例库。

6. 实习基地的战略合作

与众多旅游企业建立战略层面上的合作，包括建立实习基地、学员就业推荐、MTA 教师进入企业顶岗培训、企业管理层在岗培训等。北京第二外国语学院目前已经建立了 30 余家战略合作实习基地，未来还将建立 30 家左右的实习基地，打造 MTA 实践教学的平台。

邹统钎

2016 年 1 月 1 日

目　　录

第一章　发现传奇：缘起

格凸河是个"美人"，但由于位居贵州高原腹地的麻山地区，少有人了解，很长一段时间都处于"养在深闺人未识"的状态。直到20世纪八九十年代，法国科学院地理学博士理查德·迈耶、欧贝、贝昂一行到紫云格凸河考察，他们跋山涉水穿越大穿洞、中洞人家、小穿洞乘坐皮划艇到暗河深处的苗厅，经过几天几夜从暗河另一端神奇穿出。理查德·迈耶对格凸河情有独钟，他曾介绍说："最美的喀斯特地貌集中在热带国家，中国多集中在贵州省，占世界的70%，安顺地区是喀斯特地貌最集中的地区，紫云格凸河地区的喀斯特地貌是世界上最美的地方之一。"

2011年，杨维虎董事长应贵州省安顺市政府招商引资邀请，带领团队实地考察，被这里独特的自然风光和人文风情所深深吸引，于是决定投身到格凸河开发中，把这个地方的美展现在更多人面前。

第一节　山之灵

　　这里是完美的自然与人文风光锦画，是鲜存于现代文明中古朴、原始、生态、自然、雄美的一方净土；这里集岩溶、山、水、洞、石、林组合之精髓，融雄、奇、险、峻、幽、古于一体，历史、民俗、自然在这里交融汇聚，升华沉淀，孕育出一个洗心避世的灵山，一个美得不可思议的地方。

一、举世无双的穿洞奇观

　　格凸河景区位于贵州省紫云县境内（如图1-1所示），景区围绕格凸河而建，山清水秀，风景秀丽，是全国典型的喀斯特地貌，沉积岩和碳酸盐岩体形成众多的溶洞群，分布广泛，类型齐全。大小穿洞参差林立，天地晨光耀眼光芒。土壤主要有地带性黄壤和非地带性石灰土、水稻土、山地黄棕壤、潮土、紫色土和红壤土等7个土类，主要矿藏有煤、铁、汞、大理石、重晶石等。

图1-1　格凸河景区区位关系示意图

格凸河风景资源以喀斯特地质地貌为基础；喀斯特地貌素以险、秀、美著称。这里岩性、构造影响极其复杂，形成喀斯特地貌与非喀斯特地貌相互交错、地势由高原向山地过渡的地貌特点。从山头望去，山峦起伏，云烟缭绕，如诗如画（如图 1-2 所示）。

图 1-2　格凸河穿洞奇观

格凸河景区地处热带季风气候区，温和湿润，冬无严寒，夏无酷暑。地带性原生植被是亚热带常绿阔叶林、亚热带湿润性常绿阔叶林。现有植被多为次生针叶阔叶混交林和灌丛草坡，仅在盲谷至竹林寨有少量原始森林，其中有银杉、榉木、楠木、红豆杉、黛玉碧兰等珍稀植物；牧草有 46 科 77 属 151 种，有中草药植物 1000 多种，名贵药材较多。

格凸河流域，尤其在伏流入口（燕子洞）至伏流出口（下洞）的数平方千米范围内，因构造应力挤压，新构造上升强度大，地下水网交织，多条地下河交汇，形成巨大的地下洞腔。景区内喀斯特地貌发育齐全，喀斯特洞穴在高原层面上经历了潜流洞穴到渗流洞穴再到干涸洞穴阶段的地质演化，形成盲谷凹地或穿洞天桥。在碳酸盐地层的河流成为地下的伏流，表现为天生石桥和峡谷，流速快、落差大。在流向斜地形的河流段水流较平缓，形态蜿蜒曲折，形成静谧的水流景观。受特殊的地形构造影响，水域出现地表地下双层河，且地表河流随着季节气候的变化时断时续。因为流经地形多变的喀斯特山区，水系整体呈帚状，干流先从高原分水岭分流，最后向东南方汇入干流，冲袭山脉形成峡谷。

由此，格凸河形成几处暗河，如打扒河的天生桥伏流、干代的天生桥伏流以及燕子洞和下洞伏流。这些伏流段也形成了独特的自然奇象，如大型穿洞、古河床遗址、盲谷等，其中穿洞内形态奇幻有趣，布满了浪痕和涡窝。同时，由于新旧构造的更替运动，形成了天然的深井洼地、漏斗形地段，地表或覆盖有多种植被，或已风化，残留稀薄土层。

二、历史悠久的亚鲁王文化

紫云历史悠久，春秋时为牂牁国地，战国时属夜郎所辖，秦属象郡，汉置谈指县。唐置降昆县，属琰州，隶黔中道。宋置和武州，隶夔州路。元置和弘州，属普定府，后改镇宁州。明置康佐长官司，清置归化厅，民国二年（1913 年）改厅为县，因与福建归化县重名，遂以城西紫云洞更名紫云县，寓意"紫气祥云"。

1935 年 4 月，中国工农红军攻克定番（今惠水）长寨后，红一军团、红三军团、红五军团及中央军委纵队等先后经过紫云县境内，紫云县人民革命武装斗争蓬勃发展。1949 年 12 月紫云县和平解放，建立县人民政府，属安顺专区管辖。1956 年 4 月紫云县改属黔南布依族苗族自治州所辖。1958 年 12 月撤销紫云县，划归望谟县和长顺县。1961 年 8 月恢复紫云县建置。1965 年 8 月紫云县划归安顺专区。1966 年 2 月，经国务院批准建立紫云苗族布依族自治县至今。

县内民族文化源远流长，县内居住着苗、布依、瑶、彝、仡佬、侗等十多支少数民族，占全县人口的 56%。其中苗族支系最复杂，拥有全国三大苗族语言系、八个土语，共十五支苗族同胞，几乎占全县人口的 32%。其次是布依族，占有近23% 的比例。这些民族的语言、文字、服饰、歌舞、节庆、习俗都不尽相同，蕴藏着丰富的内涵和历史渊源，体现了多民俗、多文化、多传统的独特性与丰富性。

在这里可以看到独特的人文景观：苗族的吊脚楼建筑、园仓、洞葬悬棺，布依族的刺绣、蜡染等；可以体会独特的民族风情：三月三苗族的跳花节，六月六布依族的对歌节，七月半的赶秋等。

跳花是苗族独特的娱乐活动（如图1-3所示）。紫云青苗在正月初九日跳花，广场中植冬青树一株为花树。未婚青年男女，绕花树成小圈舞蹈。男吹芦笙居圈内。立圈内吹芦笙跳舞，女子数十人，携手成小圈，绕吹芦笙少年而舞。至十四日集合至数百人共绕花树成大圈，谓之"拉羊"，拉羊时两人为一队，鱼贯而行，前为少年二人吹奏芦笙，腰系长带，后由两少女持之行，女呼之为老表。少年女郎须各自牵自己老表腰带，错牵必起冲突，弗能解。若有未能觅得老表者，辄以为大辱。父母亦责其不善"玩老表"，拉羊后，放倒花树，或以赠无子之家，后其有必设宴款待送花树者，众遂吹笙合舞然后归。跳花目的，在老年、壮年苗族，则以为求生子或预祝丰年。青年男女参与跳花，目的则在求偶，女子更有赛美意。

提到紫云县的文化不得不提到苗族英雄史诗《亚鲁王》，它所传唱的是西部方言区苗人的迁徙与创世的历史。史诗主角苗人首领亚鲁王是他们世代颂扬的英雄。大家崇拜至深而且有神性的亚鲁王，不是高在天上的神祇，而是一位深谋远虑、英雄豪迈、开拓进取、有情有义又狡黠智慧的活生生的人，因此千百年来才会与代代苗人息息相通，在东郎的吟唱中有血有肉活在他们中间。史诗共26000行，描述了苗族祖先在两千多年前先秦时期从曾经生活的东方迁徙到贵州高原的创世历史。史

图1-3　跳花姑娘

诗对亚鲁王之前的17代王，都作了简略描述，并着力描述了两次大战役，开篇宏大、流畅大气，远古气息浓烈，历史信息密集，在历史、民族、地域、文化和文学方面都具有无可估量的价值。2011年，被列入第三批国家非物质文化遗产名录。

三、麻山

在麻山深处嶙峋山石丛中的苗族山寨里，只要听到一首低沉苍凉而悲壮的苗语英雄史诗《亚鲁王》诵歌和急促的鼓声，在黑暗寂静的夜幕中，荡气回肠地在山寨与山谷之上萦绕，苗人们便意识到这神圣的声音在通报，又一位亚鲁王子孙的俗世生命历程走完了，神圣生命开始通过神圣的葬礼仪式走向东归的征程（如图1-4所示）。声泪俱下唱诵英雄史诗《亚鲁王》的东郎和悲伤的苗人们，在庄严神秘的葬礼仪式语境中，相信这一诵歌是有超凡力的神圣苗语。东郎和在场的苗人认为，用神圣的苗语歌声，依照祖神亚鲁王的话语歌颂亡人勇敢地面对苦难的一生，引导亡人隔断依依不舍的亲人和山寨田园，以勇士的身份回顾亚鲁王的英雄业绩，骑着战马沿着亚鲁王引领苗人走过的漫漫迁徙路，返回东方故园，然后奔向茫茫的天外天，在亚鲁王建造的神圣英雄天国获得永生。这首长长的《亚鲁王》史诗，就是苗语生活世界的历代亚鲁王子孙，在漫长的历史中创造并虔诚

图1-4　东郎唱诵亚鲁王史诗

笃信薪火相传的生命神话和神圣历史经典。

"格凸河""亚鲁王""麻山",提到这三个名词之一,必须提及另外两个。麻山在贵州省是极度贫穷落后的代名词,就像贵州省西北部毕节市的纳(雍)威(宁)赫(章)一样(贵州省有句顺口溜:纳威赫,去不得),所不同的是麻山地区最早居住的是苗族。麻山位于贵州省南部(如图1-5所示),由安顺的紫云县与黔南的长顺县、惠水县、罗甸县和黔西南的望谟县等五县的交汇区域构成,总面积273081平方千米,人口约29万人。格凸河属珠江流域红水河支流濛江支流,全长128千米,发源于长顺县,流经长顺、紫云、罗甸等县,在罗甸县注入濛江后汇入红水河,流域面积2448平方千米,是麻山地区的重要河流。麻山一带盛产苎麻和构麻,这是麻山以前的重要纺织原料,麻山因此而得名。传说苎麻和构麻的种子是亚鲁王当年从东方带来的,历史上若干次他们被其他民族或部落攻破的时候,他们要求其他的东西可以带走,但必须把苎麻和构麻种子留下。

麻山很神秘,虽然落后,但值得尊重。贵州省著名作家姚晓英著有《敬仰麻山》一书,介绍亚鲁王、麻山和格凸河。麻山因为石漠化而使土地很贫瘠;因为交通不便使区位变差和对外交流困难。格凸河的旅游开发无疑会给麻山带来巨大的好处,景区也在建议政府进行三市州联合,建立"大格凸河"概念,以格凸河旅游作为安顺南部旅游龙头,串通贵州省南部的平塘(世界最大单口径射点天文望远镜)和荔波,南接广西壮族自治区,用旅游扶贫的方式让整个麻山地区实现真正意义上的脱贫。

图1-5 麻山入口

第二节　十二大不可思议

　　格凸河至今鲜为人知，这个令人不可思议的地方，依旧带有神秘的色彩。在这里有发展成熟的喀斯特地貌，有当代国际流行的低空跳伞、蹦绳、翼服飞行等刺激活动，是丛林探险、攀岩等山地运动和各种极限运动的王国；也有古朴传奇的苗家蜘蛛人徒手攀岩、上刀山下火海的非物质文化展示；有令人心驰神往的亚鲁王文化，也有世外桃源一般的避世圣地——大河苗寨；有举世无双的大穿洞燕王宫及万燕归巢绝景，也有国内最深的竖井和世界最高、保存最完好的古河道遗迹盲谷。有千年悬棺洞，有大自然恩赐的天地神光，有全亚洲最后的穴居部落，有悠久的砍马祭亡灵的墓葬文化，等等。

一、千古传颂亚鲁王

　　苗族有五千多年的历史，上古时期生活在中原的蚩尤九黎部落是苗族的先民，蚩尤是苗族的人文始祖。亚鲁王是蚩尤之后两千多年苗族部落的一位王族后裔，秦汉时期，亚鲁王带领苗族部落迁徙到贵州，进入了麻山，从此定居下来，繁衍至今。《麻山苗族史诗亚鲁王》是一部主要流传于紫云苗族布依族自治县的苗族史诗，中国夏王朝时期的古三苗国，麻山苗族史诗就有了雏形；秦汉时期，苗族定居麻山后，史诗充实、丰富了亚鲁王的故事，并以亚鲁王的故事为主要传唱内容，亚鲁王若干王族后代的故事完善定型于清朝末年。《麻山苗族史诗亚鲁王》有 26000 余行，涉及古历史人物上万人，几百个古苗语地名，十几个古战场的细腻描述，传承于麻山苗族地区 3000 多名歌师的记忆里。史诗内容非常丰富，史诗对亚鲁王祖辈父王谱系的记忆是从哈伽王第一代王开始，到了亚鲁王已经是第

18 代王。每一代王的故事有 300 余行,详细描述了每一代王的创世故事,有开天辟地、万物起源、宗教习俗等历史与神话相融的传说,《麻山苗族史诗亚鲁王》是活形态的史诗,因为它是麻山苗人生命结束时,活人对亡灵吟唱的史诗,亡灵必须牢记先祖历史故事,方能追寻迁徙来路,回归东方故国与先祖团聚。麻山苗族人至今仍然庄严、神圣地传承唱诵。《麻山苗族史诗亚鲁王》是麻山苗人生命的灵魂,是麻山苗族的圣经。

史诗长篇幅描述了亚鲁王一生征战的故事。史诗唱述亚鲁王还没有到 12 岁,亚鲁王的亲生父王亚鹊就死了。亚鲁王的母亲博布嫩荡赛鸽代理王位,她把亚鲁王带到了一个名叫梭纳经容贝京的地方安置王室,授王位给了亚鲁王。亚鲁王 12 岁以后就以商人身份到其他部落去接受其他民族的文化教育。亚鲁王一生博学多艺,精通天文地理和巫术,熟知冶炼铁的技术,会制造多种兵器,是一位经济家、政治家、军事家、预测学家。他的士兵种植一望无际的水稻,在稻田中央挖着无数的大塘养鱼。亚鲁王的粮食很丰盛,士兵吃的是白花花的稻谷米,战马吃的是金黄黄的稻谷穗。亚鲁王拥有无数个像雪山一样闪银光的盐井,为了保护这些盐井,亚鲁王的士兵可以藏身在海里作战。

戚鞅是其他部落的首领,他派遣几位士兵扮作商人去探察亚鲁王盐井的虚实。为了争夺亚鲁王的盐井,戚鞅对亚鲁王发动了两次大的战争。几千人的队伍,都被亚鲁王的几百名水下士兵击败了。戚鞅百思不得其解,就派自己的儿子祸尼钦卓匿喀扮作苗民来到亚鲁王的地域经商,想方设法与亚鲁王的女儿琢倪露裸丽谈恋爱,并从琢倪露裸丽的谈话中获得了亚鲁王水下士兵作战的秘密。

在第三次大战争中,亚鲁王防不胜防,死伤无数,血漫了江域。他的女儿琢倪露裸丽痛悔了自己的过失,带领自己的百人女儿队伍誓死护卫父王亚鲁王,捐躯抵挡敌军,让父王亚鲁王带大部队从后方逃脱。亚鲁王过了江,开始了漫漫征程迁徙南下。亚鲁王的部队远离了鱼米之乡的故土,数年后,进入了南方的梭号蓉雀丈钠巴石山区,这是荷布垛疆域。

亚鲁王以帮荷布垛冶炼铁和制造兵器为条件，获得了荷布垛的信任和收留。苗族先民得到了暂时的栖息。几年后，亚鲁王智取了荷布垛，夺下了荷布垛的疆域。荷布垛的疆域太小，地势不利于防守，灾难不断涌起。又过了几年，亚鲁王决定带着自己的部落继续迁徙。

欧德聂和卡阿瓢冈鲁是亚鲁王14个儿子之中军威最高的两个儿子，这两个儿子博学多艺，是军事家、预测学家、政治家，迁徙途中，为了保住苗族整个大家族的命运，他们俩统帅了由若干支家族组合的两支庞大苗族群，兵分两路，远离了父王亚鲁王。夜幕降临，临别前，两个儿子哭诉父王亚鲁王，他们将追随太阳而去，相信若干年后，他们的后代子孙同样会像太阳一样从东方出现，回到故国，与父王亚鲁王团聚。欧德聂先去了玛耕哈藏玛偌，他已经预测到这里有其他民族士兵埋伏，便快马加鞭带着部队逃脱了。然后迁到了卜勒哈泽鹊泽纳耙，并以此地为军事基地，进攻歇鱼歇隆的疆域，夺下了培芭阁的城堡。

亚鲁王的部落以各家族为编制团队，分若干条线路迁徙，进入麻山。各家族团队进入麻山之后，对自己家族的人员都作了清点，并向亚鲁王汇报了死亡的人数。各团队集中休息整顿数日后，以户为单位，分布散居麻山。每个家族及其亚鲁王之后代世人的故事，作为家族谱系传承至今。4000余行，几百个家族，涉及历史人物数万人，100个古苗语地名。最后描述亚鲁王的故居位于现今紫云自治县宗地乡德昭村的崇山峻岭之上，保护整个麻山，护卫其苗族子民。

亚鲁王最后西行寻找其大儿子欧德聂和二儿子卡阿瓢冈鲁，在一场突围敌军围剿的战斗中阵亡，幸存的士兵将亚鲁王抬回麻山，厚葬于亚鲁王生前故居山下对面的一座小尖山上。若干年后，一场雷电将小尖山击成两半，亚鲁王的坟墓被击散了，一具石棺奇迹地悬于石缝中，成为了史诗，成为了故事（如图1-6所示）。

图1-6 千古传诵亚鲁王

二、戈若徒手攀岩

他们是传说中神秘的寻宝人，据说有着与众不同的手足，有着专门的咒语，做法能飞檐走壁，是巫师的后裔。他们是现代攀岩之父，可徒手攀爬，与云端燕子对话，在绝壁万仞上如履平地，穿行自如，最神奇的是至今从未失手，在这奇绝的技艺背后隐藏着什么惊天的秘密？"蜘蛛人"是现代人惊叹于他们的身手，给他们取的外号。

在格凸河有一群身怀绝技的当地苗民，他们自古为了特殊的墓葬形式——悬棺墓葬，练就了徒手攀爬的技能，他们就是蜘蛛人。不知从何时起，苗族歌师——东郎为将历代离世的苗人祖先背上河谷两岸的悬崖峭壁安葬，练就了千年不变的徒手攀岩绝技，代代相传，以至于他们不用任何保护设施就能在高达百丈的大穿洞崖壁上放悬棺、掏燕窝，身轻如燕，行走如飞，敏如猿猴而无不及。他们将这一绝世神功延传至今，成为世界唯一、中国独有令人叹为观止的绝壁舞者——蜘蛛人。据说曾经德高望重的蜘蛛人可从洞壁一侧经洞内穹顶背向悬空攀爬至洞壁另一侧，这样的绝技，即使是现代攀岩者借助先进的器具也鲜有人能做到。曾有外国优秀的专业攀登运动员想尝试徒手攀爬燕子洞，但并没有成功，因为没有专业设施的保护，将近 100 米的洞顶对攀登者是特别严峻的挑战。

蜘蛛人攀岩作为格凸河自古传承的绝技，具有极高的危险性，是历史文化的结晶，因为当时攀岩者能有不菲的收入，所以传承至今。随着时代的快速发展，经济结构的转变，环境的变化，燕子洞内的燕窝已经达不到售卖的要求。悬棺墓葬的形式也发生了转变，使得极少人选择继续学习这项技艺作为赖以生存的支点。目前能够完整掌握这项技艺的人已是少数，仅为 6 人，其中国家授牌传承人 1 人，在这 6 位蜘蛛人中，年纪最大的为 54 岁，年纪最小的也有 36 岁（如图 1-7 所示）。

图 1-7　戈若徒手攀岩

三、千年悬棺洞

苗族人信仰万物有灵，世世代代传下来的一个梦想是回归故里——东方，他们死后，头都是朝着东方，不愿入土为安，以避免野兽和水患的侵害，并且他们认为弥高者为贵，认为葬得越高，越能体现对逝者的孝敬，并且可以在今后的时间里不需要再行祭奠。

在格凸河中游左岸的悬崖绝壁上遗存了众多的苗人悬棺，仍有少数保留至今吸引着世人的目光。据介绍，悬棺起源于临时存放。很早以前，因为战争，这里苗族人的祖先从长江中下游节节败退，辗转来到格凸河畔。这些悬棺洞葬，历经千年风雨仍有少数保存完好，不知是古苗先人战死沙场的英雄墓冢，还是南迁的苗族不肯入土为安，希望有朝一日能让子孙把他们带回魂牵梦绕的东方家园的途中憩院。虽然悬棺墓葬的方式并没有在格凸河沿用至今，但是古老的墓葬文化以及未解的悬棺之谜仍然永存。格凸河的苗族人至今也会祭拜悬棺里的祖先，以表示敬畏。河水的涨落、不明的火灾对千古悬棺有着不可避免的破坏，日日风化，悬棺的保存与文化的传承需要进一步思考（如图1-8所示）。

四、砍马祭祀祖宗魂

在群山环抱的奇峰谷地，一座有着苗族创世纪哈伽女神的孤峰之东，坐落着一座上千年的苗族古村寨——东拜王城。这是亚鲁王的两个儿子迪地仑和欧

图 1-8　千年悬棺洞

地聂在此开疆辟土所修建的王城所在地。为纪念亚鲁王及其王子们从黄河流域
万里南迁开辟苗族疆土的悲凉壮举，千百年来，东拜王城的子孙们每年进行一
次盛大的祭祖仪式，其中最震撼人心的仪式之一——砍马祭祀祖宗魂，是世界
上现存的最血腥的祭祀活动。它代表了苗族子孙对祖先亡灵最虔诚的敬奉（如
图 1-9 所示）。

图 1-9　砍马祭祀祖宗魂

五、最后的穴居部落

　　贵州高原上绵延的群山孕育了万千巨大的喀斯特洞穴，在紫云格凸河的一座大山坡腰上有一洞穴被称为大山的眼睛——中洞千夫洞寨，这个洞穴巨大而敞阔，里面不知何时修建起了一座居住了几百人的洞中苗族村寨，上百间无顶木屋和一所学校环洞而建，相依相偎，井然有序，蔚为壮观。这里的人们世代生在洞里，长在洞里，死后也安葬在临近的洞里，被称为世界最后的穴居部落。洞内冬暖夏凉，运用古老的山下水的方式在这里生存，木制的房子、原始的火盆向我们倾诉这里远离尘世的安宁。优美的自然风景、传统的生活方式，仿佛陶渊明笔下的世外桃源（如图 1-10 所示）。

图 1-10　最后的穴居部落

六、苗族大观园

在格凸河几十千米的沿河两岸，聚居了 15 支彼此语言不同，服饰、穿戴、习俗迥异的苗族支系。他们是亚鲁王及其子孙部落开拓疆域的守望者，千百年来一直传承着各自王子部落的特有语言习俗，是苗族演化传承的活化石。华丽缤纷的服饰、优美奇幻而多姿的歌舞、精彩绝伦的功夫绝技、寓意丰富的苗族节日，在繁复的苗族大家庭中独具魅力，格凸河因此有风情河谷、苗族大观园之称（如图 1-11 所示）。

图1-11　苗族大观园

七、天地神光

这是格凸河最靓丽的景观之一，有"天神光"和"地神光"之别：每年3~9月底，为天神光（如图1-12所示）；9月底至次年3月为地神光（如图2-13所示）。每日的清晨，天上的神灵在横跨格凸河的巍巍大山之巅，通过通往天上的门——穿上洞通天门，将一束金灿灿的阳光倾倒在薄雾冉冉的格凸河上，为这里的生灵带来无限的生机，这就是世上罕见的——天地神光。而在稍后的中午，天

图 1-12　天神光

地神光再次从天上射入深邃的望天洞里，给洞中数十万只翻飞的生灵——燕子带来生命的神光。夜晚，皓月从通天门又投出皎洁的月光，这一系列神奇瑰丽、变幻多姿的天地神光令人叹为观止，犹如时空穿越，给这里的山水生灵带来了无限的吉祥。有人说能看到天地神光的人是幸运的，因为日照、能见度等多种原因，很多人苦苦等待也未能领略神奇之美。笔者有幸在离开之前感受到一次天神光，这种奇特的自然现象，是大自然的馈赠。

八、魔幻阴阳河谷

格凸河水在景区上段天星悬棺洞的西坡一头扎进山体内百余米深、经过1000多米的地下阴河又匆匆钻出，形成9000米的地上阳河，又在大穿洞处再次潜入地下，变成了12000米的阴河才从小穿洞冒出。就这样一路开山造景，一路滋养万物。正如老子曰："上善若水。水善利万物而不争，处众人之所恶，故几于道。"地质运动加上水的外力作用，造就了格凸河阴柔之美的大穿洞、阳刚之美的苗王剑；绚丽耀目的天地阳光、皎洁柔美的天地月光等魔幻般的河谷，相信您领略了格凸河这一神秘景致后，能从中感悟到阴阳和谐的造物之道（如图1-13所示）。

图1-13　魔幻阴阳河谷

九、立体穿洞群

格凸河几百万年来分秒不息地对阻挡在面前的大山进行不遗余力的冲蚀，途经一座座山，要么将其切割成深深的峡谷，要么在崖壁上凿出一个个巨大的穿洞，以便滔滔河水夺路而奔。在高达 700 米左右的垂直山体上，形成和保留下了世界上罕见的四层立体巨型穿洞和天生桥，形成了桥桥相连、洞洞相通、洞桥气势磅礴、鬼斧神工的壮丽奇观（如图 1-14 所示）。

图 1-14 立体穿洞群

十、山顶上的古河

在海拔 1200 米的高山之顶，古老的格凸河将横亘在面前的大山凿出了一个巨大的穿洞——穿上洞通天门。滔滔河水通过这个天门，接下来自西向东一路上再次大刀阔斧地削出一条深深的高山峡谷和凿出一串串的巨型天坑，虽经几百万年的沧桑岁月，仍然保留了目前世界上最完好的古河道、串式天坑、高山盲谷这一奇绝的山顶古河。在这片与世隔绝的古河道里，分布有罕见的原始森林，孕育了令人惊叹的洞中森林奇观以及人迹罕至的盲谷无人区，成为各种飞禽走兽生活的天堂（如图 1-15 所示）。

图 1-15　山顶上的古河

十一、地球漏洞

远古的格凸河，似乎誓不惊人不罢休。滔滔河水在大山的中部奋力地冲刷出一个世界上最深的巨型竖井天坑——响水洞，因其巨大和深邃被称为地球漏洞。洞壁壁立千仞，高达百余丈，犹如上帝的"水桶"，只不过桀骜不驯的格凸河水把天坑底部凿穿，这只"水桶"永远也装不满，但每天浓浓水雾直冲400多米坑口之巅。与世隔绝的坑底原始森林郁郁葱葱，不知名的各种飞禽走兽活跃其间（如图1-16所示）。

图 1-16　地球漏洞

十二、地宫苗厅

在大山的底部，格凸河水来自四面八方，地下河水合力挖出了世界第二大洞厅，平面面积达15万平方米，200余亩宽，有近20条地下河从东西南北汇聚于地宫之中，巨大的地下空间素有地球空壳之称，因其位于一个洞中苗寨之地下，又被当地苗人俗称苗厅。地宫厅高 100 多米，目不可及，厅内各种巨型石钟乳千奇百怪，令人目不暇接，奔流的地下河水震耳欲聋，让人心惊胆战（如图 1-17 所示）。

图 1-17　地宫苗厅

思考

1. 景区应如何对喀斯特穿洞奇观和亚鲁王文化进行开发和保护？

2. "十二大不可思议"应该怎样更好地展现在游客面前？

第二章　传奇体验：打造不可思议

　　"不可思议的地方，非亲临无法想象"，浑然天成的喀斯特地貌、瑰丽的天地神光、暗流涌动的地下暗河、载歌载舞的苗寨风情、原生态的中洞穴居部落、神秘的悬棺洞葬、亚鲁王文化……这些都是格凸河的魅力所在。格凸河景区依托其丰富的自然和人文资源，致力于为游客打造不可思议的体验，使人们远离尘世喧嚣、回归自然的同时接轨国际，拥抱健康，引领新的时尚潮流。

第一节　分区与布局：自然引领格局

格凸河景区以原生态理念为主基调，遵从自然形成的格局，因势利导，划分四大主要功能分区，推出三大成熟游线。同时培育新亮点，增加漂流、洞厅探秘等休闲、探险类活动项目和苗厅、中洞人家等尚未全面开放的特色景点，整合推出四条全新游线，力求打造格凸河景区区域内闭合旅游线路，全方位展示景区独特魅力，满足游客差异化需求。

一、原生态理念奠基调

保持原生态是格凸河景区旅游产品开发过程中贯穿始终的思想，杜绝大型化、人工化项目，坚持自然化、小型化项目，确保最大限度地保持原有的生态和人文环境，将天造地设的喀斯特自然风光和原汁原味的苗族风情展示给游客。因此，在已建成的大穿洞景区中，除了游览步道、栈道、浮桥、索桥、旅游公厕等基础设施外，基本没有大兴土木的大项目。游客接待中心、观景平台、大河表演场等建筑在设计上也吸纳了苗族文化元素并力求与环境协调。而在大河苗寨，不仅保留了苗族当地的建筑、服饰，饮食也是就地取材的农家日常食用的茶水和食物，景区最终呈现的是原生态的山水、原生态的苗寨。

二、布局分区：线型集结＋组团分布

（一）总体布局

格凸河穿洞风景名胜区在布局形态上呈现"线型＋组团状"的形式。各景点景物、保护分区、游览设施、服务基地、农村居民点、农林生产用地等主要功能区分散布局在各景区范围内。

（二）分区

1. 功能分区——四大景区

格凸河风景名胜区的山、水、林、洞、人，无不生奇，又因地貌、水文和植被的不同组合，融为一体，沿格凸河上游向下呈带状分布，形成以妖岩、大河、大穿洞、小穿洞四个资源相对集中的片区（如图 2-1 所示）。

（1）妖岩景区。以格凸河为纽带，包括岜易河谷、妖岩寨、喀斯特裸岩、星星峡、打锣寨沙洲、红豆杉林、方竹林、天生桥洞棺葬 8 处景点，以河谷观光

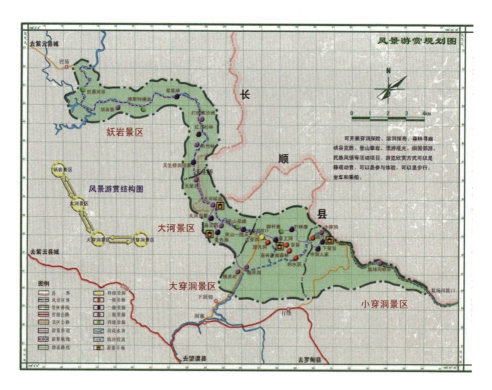

图 2-1　格凸河风景名胜区功能分区示意图

和洞葬探奇为主；面积为 18.2 平方千米。

（2）大河景区。以大河苗寨为中心，包括天星洞、大河峡谷、苗王剑、变色湖、夹山孤峰、夹山一线天等 7 处景点，以开展民族风情体验和水上游览活动为主；面积为 9.2 平方千米。

（3）大穿洞景区。以大穿洞为中心，包括望天洞、穿上洞、盲谷、盲谷原始森林、竹林寨、脚杆寨、响水洞、格井洞、格井村等 10 处景点，以登山游览、穿洞探险和开展科学教育活动为主；面积为 18.6 平方千米。

（4）小穿洞景区（现改名为千洞山景区）。以苗厅、中洞人家为中心，包括小穿洞、下穿洞、鼠场河峡谷等 5 处景点，以开展穿洞探奇、民俗采风和漂流探险为主；面积为 10.8 平方千米。

2. 生态分区——有利区 + 稳定区

生态分区是维护生态良性循环的重要环节，依据景区的水体、土壤、空气、植被等生态环境要素状况，分为有利区、稳定区两个等级。

（1）有利区。妖岩、小穿洞片区划为有利区，要保护好岩溶地貌、水域环境和森林植被，维护自然生态系统。

（2）稳定区。大穿洞、大河洞片区划为稳定区，要封山育林，适度开发，防治水土流失和山体滑坡。

三、线路设计多元化

恰如其分的旅游线路能使游客的旅游活动渐入佳境、高潮迭起。格凸河景区在游线设计上注重特色，讲究韵律，推出成熟的体验游线、休闲游线和精品推荐旅游线路。在把握节奏点的基调上，为了解决"何时何地为序曲，何时何地为舒缓，何时何地为高潮，何时何地为尾声"的总体韵律，格凸河景区有意开辟全新游线，打造格凸河景区区域内闭合旅游线路（如图 2-2 所示）。

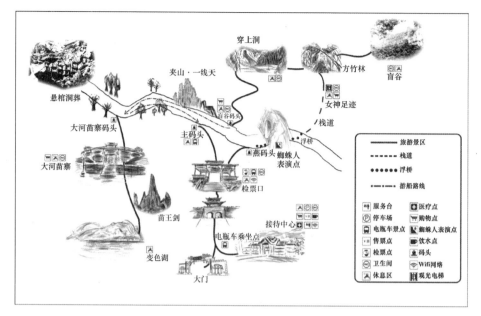

图 2-2　景区旅游线路示意图

（一）休闲游线

休闲游线包括 5 个景点，往返行程约 1 个小时。具体包括乘车—燕码头—乘船（往返 6 千米河谷风光、夹山一线天、夹山悬棺）—大河码头（大河苗寨、民族表演场）。

（二）体验游线

体验游线包括 34 个景点，往返行程约 3 个小时，包括鹰燕阁、燕子洞、浮桥、望天洞晨光、井底之蛙、悬空栈道、回望燕王宫、飞燕桥、观光电梯、暗河入口、双胞胎洞、通天洞洞口、盲谷、方竹林、缠缠绵绵、千年蛇精、洞中丛林、野棕竹林、山外有山、阴阳河谷、立体穿洞群、河谷风光、夹山悬棺、夹山一线天、苗寨风光等。

（三）精品推荐游线

县城—下坝仰旅游服务村—大河景区的峡谷游览、风情体验—大穿洞景区的穿洞探险、盲谷探奇—小穿洞景区的苗厅观光、中洞采风—县城。

（四）规划在建线路

规划在建线路通过在游览线路基础上重新调整线路，在不破坏和影响景观的前提下，充分利用现代交通工具，让90%以上的游客体验大河苗寨到大穿洞、部分伏流、盲谷和穿上洞等雄奇与神秘；并开发大穿洞至小穿洞一带的天坑、伏流、苗厅、中洞等以及尚未发现的其他景观。

1. 近期：大河景区—大穿洞景区—小穿洞景区

下坝仰旅游服务村。进入大河景区，从大穿洞渡口码头逆流水上观光（夹山一线天、夹山孤峰、大河峡谷、天星洞）、顺流而下至大河苗寨体验民族风情（变色湖、苗王剑），坐船进入观看大穿洞、望天洞，步行（坐滑竿或索道）上山游玩穿上洞、脚杆寨、竹林寨、盲谷，返回旅游服务村，乘车进入小穿洞景区游玩中洞人家、下穿洞至小穿洞—苗厅，乘车返回县城。

2. 远期：妖岩景区—大河景区—大穿洞景区—小穿洞景区

岜易村旅游服务点。进入妖岩景区，乘船游览（岜易河谷、妖岩寨、喀斯特裸岩、星星峡、红豆杉林、打锣寨沙洲），方竹林、天生桥洞棺葬至天星洞、大河苗寨（苗王剑、变色湖）体验民族风情，乘船或步行观光大河峡谷、夹山孤峰、夹山一线天；观看大穿洞、望天洞；步行（坐滑竿或索道）上山游玩穿上洞、脚杆寨、竹林寨、盲谷；步行进入小穿洞景区（或返回旅游服务村，乘车进入小穿洞景区）游玩中洞人家、下穿洞至小穿洞；乘船苗厅探险，漂流鼠场河峡谷；乘车返回旅游服务村或县城。

3. 步行游览线路

接待中心停车场—（电瓶车）大河苗寨—（体验"亚鲁王"）—码头—游船（游览夹山）—大穿洞—栈道—吊桥—观光电梯—盲谷—上穿洞—索道（或速滑）—老码头—（电瓶车）接待中心。

4. 游船体验线路

接待中心停车场—燕子洞起点—悬棺洞—大河苗寨—天星洞（电瓶车）接待中心。

四、游览设施设计：原生态 + 差异化

在最大限度地保护格凸河原生态环境的基础上，景区以生态容量作为游客容量的绿线，建设开发了浮桥、绝壁栈道、吊桥、观光电梯、游览步道和游览索道等差异化游览通道，让游客在原生态与现代化的穿梭中感受缤彩纷呈的游览体验。

1. 浮桥

燕子洞观光浮桥，总长 138 米，宽 2.5 米，包括水上浮桥及蜘蛛人表演看台，是连通燕子洞到望天洞及盲谷的水上交通设施，浮桥采用优质高密度聚乙烯浮筒建成，安全性好。便于游客水上游览观光和观赏蜘蛛人精彩表演 (如图 2-3 所示)。

图 2-3　浮桥

2. 绝壁栈道

绝壁栈道由燕子洞内 160 米处起建，终点至观光电梯入口，栈道沿洞壁凿坑而建，施工惊险。栈道由钢筋混凝土结构及俄罗斯樟子木建成，栈道总长 440 米，是连通观光电梯、穿上洞、方竹林、盲谷原始森林等景点的重要通道(如图 2-4 所示)。

图 2-4　绝壁栈道

3. 吊桥

吊桥是连通燕王宫及通天洞的必经之路，横跨暗河入口，由钢索及防腐木组建而成，总长 34 米，经过专业设计和施工设计，钢索支护深入岩壁 2 米，呈菱形和三角形支护，保证安全，从这里你会目睹格凸河是怎样奔流入暗河世界的。

4. 观光电梯

观光电梯主体由 370 米深的天然竖井和 75 米的钢结构井架等组成，时速达到 1.75 米 / 秒，采用两台单层全透明钢化轿厢并联分体运行，是连通世界上位置最高的古河道遗址盲谷原始森林、方竹林、穿上洞等景点的重要交通观光设施。工程宏伟、工艺复杂、施工惊险。

5. 游览步道

游览步道结合景区景点特征、景源分布，以布置合理的游览环线为宗旨，碎石基础垫层，混凝土平整，青石板铺面，项目施工尽量不破坏生态，保护道中灌木，梯步按标准十八级之内筑一平台，临崖面设护栏（如图 2-5 所示）。

图 2-5 游览步道

6. 观光索道

中洞苗寨因被誉为"中国最后的穴居部落"而声名远扬，不少游客为一睹真容而前往观光旅行，为方便游客轻松观光游览，更为住在这里的村民提供生产及生活上的方便，地方政府斥资 1500 万元修建观光索道。据格凸河景区负责人陈思安介绍，观光索道全长 750 米、最高落差 180 米，预计 2017 年 10 月 1 日正式运行载客，并为中洞苗寨的村民办理免费乘坐卡。

第二节　产品特色：《亚鲁王》史诗和山地新时尚

王安石在《游褒禅山记》中写道："世之齐伟、瑰怪、非常之观，常在于险远，而人之所罕至焉，故非有志者不能至也。"格凸河之齐伟、瑰怪、非常之观罕见，而人皆可至也是近年来才实现的事。其千年的神秘文化和喀斯特穿洞奇观因为之前的人烟罕至才得以完整留存，成为其旅游产品熠熠生辉之处，格凸河的创业人正是看到了这一点，借题发挥，锦上添花。

一、格凸河旅游产品模式

格凸河以原生态的自然和文化为基底，在传统观光旅游的基础上引入生态旅游、养生旅游、探险旅游等带有健康时尚色彩的符合市场需求的产品，即"观光旅游+"模式（如图 2-6 所示）。以亚鲁王文化为代表的苗族神秘文化和以穿洞奇观为代表的最美喀斯特地貌为格凸河的旅游发展奠定了坚实的基础，附加的探险、养生等旅游产品为其插上翅膀。而今平台已经建好，只待百花齐放。

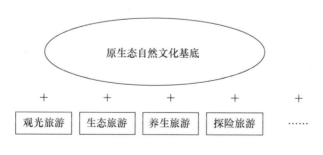

图 2-6　格凸河旅游产品模式

目前，格凸河景区产品基本形成以生态、民俗观光为基础的大众旅游产品；以探险旅游为主打的中档层次旅游产品和以极限运动、养生旅游为特色的高端旅游产品（如图 2-7 所示）。

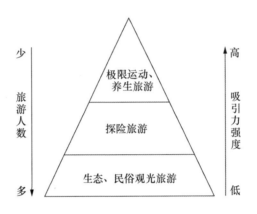

图 2-7　格凸河旅游产品层次

二、苗家史诗：亚鲁王文化

格凸河地区的苗族独有一种传承千年的祭祀文化——亚鲁王文化，而在祭祀时传唱的《亚鲁王》史诗是由创世史诗、迁徙史诗和英雄史诗三方面的内容组成，它涵盖了苗族社区所有方面的生活习俗和仪式以及人伦道德等，通过苗族歌师——东郎向亡者唱诵先祖们创造天地万物的坎坷经历及英雄祖先亚鲁王的历史事迹，告诉后人先祖们漫漫的迁徙旅途，指引亡灵背负着一把宝剑、一顶斗笠、一袋粮种及行囊一步步跟随先祖们回归故地，而悬棺洞葬和蜘蛛人戈若攀岩都是这种文化的体现（如图 2-8 所示）。迁徙后的苗族认为，他们终有一天要回到长江中下游的"老家"去，老人去世后不入土，因为老人还在等待"回家"，所以把悬棺放在高高的悬崖上，那些地方人无法到达，鸟兽罕至，便于老人遗体的长期保存，有朝一日能够回到长江中下游的"老家"[1]。而蜘蛛人正是安置悬棺的攀岩人的后代，因此才练就了攀岩绝技。

图 2-8　东郎队伍

三、山地运动：健康新时尚

运动休闲、健康时尚是格凸河旅游产品的另一特色，正如格凸河景区的杨维虎董事长所说，"现在的旅游，就是要做明天的产品"。现代的人们越来越推崇健康，挑战自我的旅游方式。在旅游产品开发方面，谁能找对市场发展方向，谁

1　新华网.探访苗族布依族自治县神秘悬棺和会"飞檐走壁"的攀岩人［EB/OL］.［2006-03-15］.
http://news.xinhuanet.com/mrdx/2006-03/15/content_4306215.shtml.

就能赢得先机。另外，"多彩贵州·山地公园"是贵州省主打的旅游品牌形象。而格凸河景区以喀斯特地貌为基础，以穿洞群景观为代表，集峡谷河流、原生植被、苗族文化及风土人情景观于一体，曾被法国科学院院士、地理学教授、著名的喀斯特专家理查德·迈耶评价为"世界上最美的喀斯特地貌之一"，是开展户外山地运动的理想之地，也是贵州省唯一授牌的省级攀岩运动基地。近年来，格凸河连续开展了丛林穿越、攀岩、低空跳伞、蹦绳、翼服飞行等多种山地运动项目，融入古朴传统的苗家蜘蛛人徒手攀岩，现代与传统、体育与文化相结合，成为格凸河一张靓丽的名片。

与之前动感的山地项目不同，2016年8月，紫云格凸河景区举办了"2016年首届多彩贵州·最美格凸河，中印千人瑜伽峰会"，将养生旅游带进了格凸河。印度瑜伽大师带领学员在世界上最大的洞穴内，体验"中国首场洞穴瑜伽盛宴"。游客在这里和自然来一次肌肤之亲，不思恋、不妄想，找回自我，寻一段真正的美好时光。这场回归心灵的瑜伽之旅也预示着格凸河在高端养生旅游产品开发方面新的探索（如图2-9所示）。

图2-9　印度瑜伽大师表演

第三节　特色产品：和蜘蛛人赛攀岩

十二大不可思议是对格凸河传统核心旅游产品的形象总结。千古传颂亚鲁王、砍马祭祀祖宗魂、戈若徒手攀岩壁、千年悬棺葬崖洞、中洞人家穴居情、苗族风情大观园和地宫苗厅探秘景展现了紫云深处格凸河别具一格的景致、独特的苗家生活及其神秘的祭祀文化；天地神光、魔幻阴阳河谷、立体穿洞群、山顶上的古河、地球漏洞、立体穿洞群等则是格凸河喀斯特自然风光的完美呈现。其实格凸河的不可思议不止于此，而是借助自然和文化资源，打造传统观光与山地运动等体验相结合的产品，复原传统的同时也融入了现代的时尚元素，所以才有了当地蜘蛛人和国际攀岩高手对招、中印千人瑜伽峰会的盛况，因此格凸河的旅游产品最终呈现出自然、文化、运动三大不可思议体验的结合。

一、再唱千年亚鲁王

亚鲁王文化一直以来带给人们诸多神秘色彩，仿佛带着面纱，让众人难以窥其面目。为传承和发扬亚鲁王文化，格凸河景区一方面深入挖掘其文化内涵，还原精华部分，并进行舞台化展现；另一方面升级亚鲁王文化展示所凭借的节庆平台，让亚鲁王文化与国际流行文化同台竞演，让游客体验到古老的文化重新焕发的生机。

2016年4月，格凸河景区举办了中国首届亚鲁王文化旅游季——贵州古苗文化节（如图2-10所示）。活动现场，随着几声震耳的枪响，苗族特有的乐器响起，苗族东郎牵着战马开始迎接远方而来的游客们，一路上，噼里啪啦的鞭炮之声不绝于耳，随后，厚重的皮鼓声响起，歌师们开始砍马祭祀模拟表演，砍马

图 2-10　古苗文化节

歌师庄严地开始颂唱苗族的《亚鲁王》史诗，神秘的苗族语言在苗族长辈沧桑的声音中，传承着祖先的坚韧、诚信、不屈的精神。期间还举办亚鲁王祭祀活动、悬棺洞葬升棺仪式和蜘蛛人戈若攀岩表演等[1]。自此，亚鲁王文化以一种更加形象、具体的面貌展现在众人面前。

　　2017 年 3 月 30 日，农历三月初三，格凸河国际民间文化艺术节拉开序幕，代表着亚鲁王文化产品的进一步升级。选择三月初三，是因为"三月三"是苗族人民纪念英雄先祖的传统节日，他们在这一天会聚集在一起，颂唱苗族史诗《亚鲁王》。今日的舞台上，四个苗族男子穿着蓝色布衣，戴着草帽，扛着大刀，在深沉的唱诵声中，将游客带入了亚鲁王漫长的归乡之旅。此次活动的另一个亮点

　　1　央广网.中国首届亚鲁王文化旅游季开幕［EB/OL］.［2016-04-11］.http://news.cnr.cn/native/city/20160411/t20160411_521836514.shtml.

是在传统的文化项目上融入了非洲鼓表演、洞穴肩上芭蕾、洞穴瑜伽养生、大型奇幻魔术、魔幻洞穴彩绘、最炫广场舞等多项活动，将亚鲁王文化推向了国际舞台。

二、喀斯特搭档苗文化

观光是格凸河景区的基础旅游产品，也是格凸河最原始的魅力所在。目前已对游客开放的大穿洞景区和大河景区，组合生态和文化资源，为游客奉上不可思议的视听体验，其中有代表性的景点有：

（一）小垭口城楼

小垭口城楼位于停车场及格凸河之间的垭口上，横跨进入景区的公路，连接左右两座大山，地势险要，构成格凸河景区的一道门障。城墙高约 4 米，有城门洞 3 个，城墙上建有城楼建筑。根据格凸河亚鲁王的故事构思后建造而成，是进入景区的第一道具有人文气息的景观，为格凸河景区的人文气息进行点缀和修饰，有使游客还未进入景区，就有对苗族历史及亚鲁王的故事进行联想的功效。

（二）燕子洞

1. 万燕出巢

燕子洞因洞内栖息数十万只燕子而得名，又名"燕王宫"，位于下格丼（bèng）南约 1 千米，是世界最大、最壮观的溶洞，它以雄、奇、险、峻的岩溶地貌景观为特征，长约 12 千米，洞高 116 米，25 米宽的巨形拱门下是 270 米长的河湾。可泛舟进洞，洞壁陡峭如削，上万只燕子翻飞其间，筑巢栖息。每年 4~9 月，每到清晨，缕缕晨曦从通天洞进入时，成千上万只燕子从洞内飞出，若彩云出岫，紫气东来（如图 2-11 所示）。

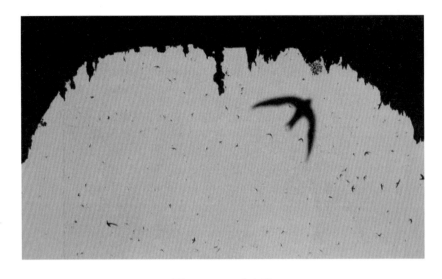

图 2-11　万燕出巢

2. 戈若徒手攀岩

燕子洞内数十万只燕子盘旋高飞堪称一大奇观。但游客来到这里不仅是为看燕子，更是为观看洞中的戈若徒手攀岩表演。"戈若"是苗语蜘蛛的意思，此处指身怀绝技的当地苗民——蜘蛛人。不知从何时起，苗族歌师——东郎为将历代离世的苗人祖先背上河谷两岸的悬崖峭壁安葬，练就了千年不变的徒手攀岩绝技，代代相传，以至于他们不用任何保护设施就能在高达百丈的大穿洞崖壁上放悬棺、掏燕窝，身轻如燕，行走如飞，敏如猿猴而无不及。他们将这一绝世神功延传至今，成为世界唯一、中国独有令人叹为观止的绝壁舞者。

2004 年，蜘蛛人曾经和攀岩高手们进行了一次挑战赛，蜘蛛人王凤忠和黄小宝轻易拿下了第一名、第二名（如图 2-12 所示）。对攀岩高手们而言必不可少的攀岩绳索，却是蜘蛛人攀岩的累赘，蜘蛛人甚至感觉保护绳会阻碍他们更好地发挥，这便是蜘蛛人徒手攀岩的魅力所在。如今，蜘蛛人攀岩已成为格凸河景区的一大视觉盛宴，每天都能吸引众多游客在燕子洞内驻足观赏，燕子

图 2-12　蜘蛛人和攀岩高手挑战赛

洞内每半个小时就会有一个蜘蛛人在洞内表演徒手攀岩绝技，他们攀岩身轻如燕、动作迅速，期间还会做出单手抓岩转身跟游客打招呼等很多高难度动作，令人叹为观止。

（三）望天洞——地神光

望天洞位于大穿洞内河湾的尽头，是国内最深的一个穿越碳酸盐岩地的大竖井，深370米，宽200米，又称"通天洞"，形成不可思议的地球漏洞奇观（如图2-13所示）。身临其境，仰望苍穹，一缕缕阳光倾泻下来，将洞内石壁晃得忽明忽暗，变幻莫测。阳光与洞顶滴下的状如银丝的岩浆水交织在一起，形成道道彩虹，赤、橙、黄、绿、青、蓝、紫，色彩斑斓，奇妙无比，仿佛把自己置身于如梦如幻的神话世界里。望天洞下，似从天窗掉下的巨石群，为格凸河筑成一道天然的堤坝，堵住河水，锁住咆哮的蛟龙，更增加了神秘的神话色彩。流水破堤而下，水流越过源于天窗的混沌之后，相互拥挤着、追赶着冲向洞内漆黑的更加深邃的神秘之处。

图2-13　地神光

（四）穿上洞——天神光

古老的格凸河凿山而出形成了穿上洞，被称为山顶上的古河。洞高50米、宽70米、长137米，洞若天桥，飞机可从中穿飞而过。洞底与格凸河相对高差为226米。站在洞口俯视，格凸山水美景尽收眼底，令人心情豁然开朗，更有一种"一览众山小"之感。这里长满了热带植物，优雅多姿的棕竹散布山谷各处，妩媚的野芭蕉林零星地点缀山间，奇特的方竹覆盖山野，方竹林之景，令人叹为观止。行走其间，令人身心愉悦，倍感轻松，使精神在这样一个神秘、宁静、优雅的环境中得到升华，真正体会心灵与自然的融合，灵魂得以腾飞的快感。穿上洞最具魅力之处在于其神秘而又可遇不可求的天神光，不同角度、不同视觉，有如上帝之眼，阳光普照！

（五）夹山一线天

夹山一线天位于大河苗寨和大穿洞之间，两山夹峙，悬崖峭壁，孤峰独立，故名曰"夹山"，夹山两岸葱茏幽静，层峦叠嶂，藤蔓倒挂，古树参天，令人心旷神怡。林间猴子时而嬉戏打闹，时而大声嚎叫，"呼朋唤友"。游船穿梭其间，更有"两岸猿声啼不住，轻舟已过万重山"之感（如图 2-14 所示）！

图 2-14　夹山一线天

（六）五彩变色湖

变色湖位于大河村以南约 500 米，是喀斯特地貌天然湖泊（如图 2-15 所示），因水色一月多变而得名。湖长约 350 米、宽约 100 米、海拔 980 米，比大河村高约 47 米。湖中有 3 个泉眼，每年丰水期湖水自然排泄，水质很好，去污力强。湖中鱼有防病治病之功效。秋天万蝶纷飞，冬天蝌蚪云集。

图 2-15　五彩变色湖

（七）盲谷探奇

盲谷是全国保存得最好、最奇特罕见、位置最高的古河道遗迹。盲谷带游客走进的是植物博物馆，一个封闭的野生世界。谷内环谷皆山，人迹罕至，原始森林茂密，乔木、灌木、藤本等植物种类众多，成了天然植物王国，共拥有植物近2000种，是罕见的生态、生物多样性与环境所在地，具有神秘、旷野、幽深、险峻的特点，富有重要的科研探险和科普旅游价值。其中盲谷一带有大片方竹林，冬季生笋，竹竿看上去是圆的，实际呈方形。"方竹"集观赏、材用、笋用于一体，为世界著名珍稀竹种，因其独特的形态特征和丰富的营养价值，具有很高的开发价值。"凸生哭竹"之传说更让方竹显得尤为特别。凸生为病母寻食，寻至方竹林，突见无路可去，急得席地痛哭，方竹被他的孝心所感动，提前萌笋，凸生喜出望外，搬摘笋子，回到家里，煮笋飨母，母食病愈，从此格凸人视四方竹为救命竹，非病不食。

（八）大河苗寨——苗乡风情

大河苗寨地理环境得天独厚，由奇峰、河谷、沙湾、竹林、村寨、田园等组成复合景观，主要体现苗族村寨风情。大河苗寨周围群峰环抱，格凸河从村前流过，中有良田百余亩，古韵古味的苗家土楼依山而建，河岸翠竹丛生，山上终年碧绿，晨曦开始，鸟儿欢歌，烟雾缭绕，河面薄雾如纱，寨子寂静清幽。与桂林山水和武夷山风光相比，增添了几分情韵野趣，是理想的世外桃源所在，可为游客提供餐饮、住宿服务（如图 2-16 所示）。其中格凸河·大河综合亚鲁王表演场设计理念以苗族建筑风格为设计意向，采用瓦木石结构圆形建筑，广场面积约700 平方米，集中展现了苗族人拦门酒、歌舞表演、上刀山、下火海的风情绝技。

图 2-16　大河苗寨

（九）天星洞——千年悬棺洞

天星洞位于格凸河逆流 10 千米处，星星峡之水进入伏流后从天星洞流出。天星洞高约 110 米，宽 40 米，洞口呈长方形，洞口巨大横跨，洞壁石幔悬挂，游客可乘船进洞约 200 米，青山绿水和暗河溶洞相映衬，清秀脱俗，格外迷人。洞内棺木高悬，成了千古之谜。

（十）"苗厅"洞景——地宫苗厅

苗厅位于燕子洞内 7.8 千米处，因附近有苗寨而赋名为"苗厅"，是格凸河景区正在着力开发的景点之一，目前暂未全面开放。20 世纪 80 年代，苗厅的神秘面纱被法国洞穴家理查德带领的考察队首次揭开，实际上，在外国人发现"苗厅"之前，当地的苗族人也进入过"苗厅"[1]。"苗厅"面积为 116000 平方米，容积为 1978 万立方米，长为 700 米，宽 215 米，高度平均 80 米，相当于 12 个足球场，是世界上最大的洞穴。厅内，一些巨大的石笋比赛似的长在大厅的隆起处，在苗厅的北侧西端有一枝高达 30 米的巨大石笋，实属罕见。枯水期，洞厅会相对干燥，听不到潺潺水声；洪水季节，洪水将穿越过大厅，从岩石上倾泻而下，形成多级暗河瀑布群，蔚为壮观。用中法探险队的话来说，"任何华丽的词语用来形容这个巨大的地下景观都显得无力"。

（十一）最后的穴居部落——中洞人家

人类进入紫云洞穴居住的历史始于清代，后发展为苗族人民聚居的部落[2]。20 世纪才从居住了百年的"下洞"往上迁徙，搬至中洞，现居住有王、

---

1 新华网贵州频道 . 亚洲最大洞穴厅堂——苗厅 [EB/OL] . [2011-06-25] .http://www.gz.xinhuanet.com/zfpd/2011-06/25/content_23097228.shtml.

2 中关村在线论坛 . 中洞人家 [EB/OL] . [2011-07-28] .http://bbs.zol.com.cn/dcbbs/d17_15645.shtml.

罗、梁、吴四姓，共 20 户，84 人，有民房 17 间，教室 4 间，球场 1 个。洞口宽有 100 多米，进深有 200 多米。房子大多是木柱做支撑、竹篾编织物做墙，屋顶有梁无瓦。洞内有居民的小木屋，大多沿着洞壁建造，以光照强的洞口处最密集。大自然造就的天然溶洞，冬暖夏凉，也成为这个原生态部落村民不愿离开这里的神秘力量。中洞门外斜坡拟修建的苗家吊脚楼、休息设施等，也将会在不破坏中洞人家原生态生活的基础上为游客提供最大的便利（如图 2-17 所示）。

图 2-17　中洞人家

三、山地休闲热，攀岩国际范

正如格凸河旅游产品层次图所示，以亚鲁王文化为代表的苗文化和立体穿洞群为代表的喀斯特奇观构成了格凸河景区基础的生态民俗观光产品，为提升旅游产品的吸引力，满足多层次需求，丛林穿越等探险旅游产品、世界级攀岩项目等极限运动同瑜伽盛会等健康养生项目一起构成了格凸河丰富、多元的产品类型。

（一）丛林穿越赛

2014年8月，格凸探秘——全球商学院EMBA丛林穿越挑战赛首次举办，开启了格凸河的发现之路，"发现是一种天性，驱动人们探求未知；发现是一种精神，激励人们挑战极限"成为所有参赛人员探险之旅的激励，也为格凸河的未来带来了无限可能；2015年和2016年，相继举办了第二届和第三届发现之路，格凸探秘——"全球精英丛林穿越赛"，使得格凸河以多种多样的形式被更多游人所熟知（如图2-18所示）。

图2-18　全球精英丛林穿越赛

（二）世界级的攀岩盛地

早在 2004 年，格凸河景区举办了第一次攀岩比赛，2008 年，中国登山高级人才培训班 (CMDI) 在格凸开发了近 70 条自然攀登路线。2011 年，Petzl RocTrip 国际攀岩交流会在格凸河成功举办，Petzl RocTrip 先后组织了两批国际知名赞助队员奔赴格凸河，开发攀岩线路，格凸河开始被世界攀岩界所熟知（如图 2-19 所示）。截至 2015 年，格凸河景区已成功举办 12 届攀岩大赛，先后开通 300 余条攀岩路线，每年都有来自世界各地的几百名甚至上千名专业攀岩选手齐集格凸，其中有两条线路至今还未被攀登过。近年来格凸河景区以攀岩大赛为基础打包岩友交流活动、中国攀岩公开赛、露营大会、青少年攀岩夏令营和音乐会等户外嘉年华活动组合而成的中国格凸国际攀岩节，进一步丰富了攀岩旅游产品的内涵，影响力逐步扩大，紫云格凸河地区已经成为世界级的攀岩文化盛地。

图 2-19　中国格凸国际攀岩交流会

（三）顺水推舟——格凸户外俱乐部

凭借景区得天独厚的户外活动旅游资源和国际攀岩盛地的世界品牌优势，格凸旅游开发公司投资组建了专业户外运动公司，由旗下格凸户外俱乐部组织攀岩、探洞、暗河漂流、速降、丛林穿越、溯溪等好玩有趣的户外活动，目前提供有一日野攀、徒步丛林穿越、苗厅探洞三项主要产品。以苗厅探洞为例，游客带好装备和干粮之后，与教练一起从苗厅入口乘皮划艇开始苗厅地宫游历之旅，过了水域上岸徒步，在教练的指引下探秘苗厅、空中沙漠、钻石滩、古河床遗址，将几日走不完的地宫以一天的路线走完。在操作方面，俱乐部除周六、周日节假日组团外，其他时间也接定制团，交通、门票、装备一价全包，并有专门的教练全程指导，为零经验的探险爱好者提供完美的探险体验。可以说，格凸户外俱乐部的成立是景区旅游产品的衍化产品，是在原生态自然文化基地之上的又一动作，将健康时尚产品化，进一步满足了探险旅游爱好者的需求。

四、未来产品开发：更运动、更时尚

（一）山地运动再添一把火

为迎合现代人追求健康、追求环保的理念，格凸河景区以其优美的喀斯特自然风光为基底，在景区开发中引入鼠场河河道漂流、飞拉达等项目，进一步发掘格凸河户外运动基地的潜力。

1. 漂流体验

漂流体验为景区拟开发的重点休闲体验项目，主要有小穿洞漂流和妖岩景区到大河苗寨的休闲自助漂流。

（1）小穿洞漂流。从小穿洞洞口下约100米处起漂，至鼠场河渡口漂流码头，全长约 1.8 千米，漂流建成，将是小穿洞景区游乐亮点，现正进行漂流河道治理。

漂流线路：小穿洞停车场→小穿洞漂流起点→鼠场漂流终点→电瓶车接待回程。

（2）休闲自助漂流。妖岩到大河苗寨的休闲自助漂流将会更多地融入地方民俗和加强文化体验，因而将大河苗寨和悬棺洞等主要景点纳入漂流线路，让游客在漂流的过程中同时享受一场文化盛宴。

漂流线路：大穿洞妖岩起点→悬棺洞→大河苗寨→电瓶车返程。

2. 飞拉达项目

飞拉达又称铁道攀登、"岩壁上的舞蹈"和"悬崖上的旅行"，源自意大利，盛行于欧洲。通俗地说，就是借助铁链、索道等装置，让普通人也能在岩壁上攀爬行走。在充分利用自然地貌、不破坏原貌的基础上，飞拉达项目保留了野外攀岩的惊险刺激，同时降低了对攀爬者的专业技术要求，是人人都能参与的极限运动。可以说飞拉达是传统攀岩活动的大众化演变，借助格凸河国际攀岩盛地的影响力，向大众推广攀岩运动，引领新一轮的健康时尚游。

此外随着旅游者需求的多元化，越来越多的游客趋于摆脱常规旅游，寻求更加刺激的探险旅游。而格凸河集岩溶、山、水、洞、石、林组合之精髓，融雄、奇、险、峻、幽、古于一体，是稀世之珍的喀斯特自然公园，是众多探险爱好者探求地下神秘、探求穴洞奇观的绝佳去处。目前暂未开放的苗厅正在作为开发探险旅游的主要区域，让更多游客体验苗厅的神奇之美。

（二）配套升级：健康环保

配套设施不完善一直是游客反映较多的一个问题，为完善配套服务与增强游客体验，景区新建了阳光生态餐厅以及可以容纳 500 人住宿的集装箱酒店与帐篷露营酒店。此外，景区还修建了景区表演场，露营基地，让游客在格凸河景区享受自然和不可思议体验的同时，得到更加优质的服务。

思考

1. 在产品开发的过程中，景区是如何利用自然和人文资源为游客打造不可思议的体验的？

2. 格凸河这样强调原生态的景区在开发过程中，应该如何协调景区游览设施建设与生态环境保护之间的关系？中洞人家观光索道是否适合修建？

第三章　传奇经营：产品做明天

　　格凸河拥有神奇美丽的自然风光和原始独特的地方文化，而格凸河的发展和企业文化仿佛也汲取了格凸河的原始生态和自然灵气，没有刻意的规章制度，没有过分雕琢的企业文化，但却保持着原始的自然和谐与生命力。

第一节　格凸河的前世今生

一、跨界传奇——由制药行业转向旅游产业

格凸有限公司的"前世"要从一家制药公司说起。1985 年制药专业出身的杨维虎大学毕业，之后一直从事制药工程行业，1993 年杨维虎结识了重庆华邦生化技术有限公司的总经理张松山先生（后任董事长），在总经理的带领下，公司由生化技术公司改造为制药公司，即后来的华邦制药有限公司。华邦制药有限公司本身也是一个传奇，一群年轻人因为重庆当年的招商引资来到重庆，在失败中不断探索，道路坎坷，最终取得了成功。1994 年，公司获得药品生产许可证和卫生许可证，虽然当时公司的起点低，但却取得了出乎意料的成绩。公司于2004 年在中小板上市（股票代码 002004）。此时，杨维虎在公司分管生产技术开发。

1998 年是公司由制药转向旅游的元年。华邦制药有限公司的董事长让杨维虎找一个大家以后一起"养老"的地方，因为他们当时有个共同的爱好，就是喜欢自然山水，他们有一个共同的愿望，就是想找一个清净的地方过生活。就这样，怀着寻找一个安静的地方做一番事情的想法，花了近 3 个月时间比选了重庆主城周边的区县，最后选择了武隆（当时重庆没有直辖，属于四川管辖）。1998年 10 月 28 日，几个人去了武隆实地考察，那时由重庆到武隆自驾车时间一般在6~9 小时。最后在当地林业部门的推荐下，花了 30 万元在仙女山买了 3000 亩地准备种植中药材，拟在中药材种植的基础上培育自己的养老场所，最后很遗憾，该项目由于与当地政府和部门沟通协调出问题而退出。

二、坚持创造奇迹——仙女山华邦酒店的成功

虽然退出了中药材种植项目，但是他们却实实在在地被武隆的奇山秀水深深吸引。1999年春节刚过，他们再度奔赴武隆，杨维虎等一行人虽然碰了壁，但他们对于"买下一片山水做事业"的热情依然没有退去。1999年他们又回到了武隆，在武隆注册了汇邦公司，并修建了原料药生产厂，同时武隆仙女山有两个宾馆项目在招商引资，他们便接了下来。药厂进展非常顺利，一年缴税就达到100多万元。但是宾馆建设进行得并不是很顺利，当时的宾馆建设做了两套方案，但都没有达到地方政府的要求，由于种种原因，宾馆选址从原来的仙女山草原边上迁到了比较偏僻的地方。但是"塞翁失马，焉知非福"，后来规划时发现，后选址的风水很好，整个仙女山就像一个太极图，而宾馆的选址就在太极图的中心（如图3-1所示）。

图3-1　仙女山华邦酒店外部环境

图片来源：百度图片。

酒店的建造主要由杨维虎负责，由于从来没有涉足过酒店行业，没有经验，自然走了很多弯路。但他始终坚持一个理念，就是与自然相协调，即酒店建筑物以本地天然石材为主。为此杨维虎与许多建筑专家和施工队合作，学习了国外的石头房，但由于当时的技术和经验有限，施工时反复失败，连他本人在钓鱼休闲时都在河边用卵石模拟搭砌建筑。这些困难并没有改变杨维虎的初心，他们想建这样一栋房子：石头里面是建筑，建筑里面是石头。功夫不负有心人，终于在四川美术学院找到了一位技师，轻而易举地解决了一直解决不了的施工难题。杨维虎说："你感觉能做出来，后来你坚持了，最后肯定是可以做出来的"（如图3-2所示）。

图3-2　仙女山华邦酒店内部

图片来源：百度图片。

酒店主体建造好之后，杨维虎开始精心地布置酒店周围的环境，杨维虎决定自己做而不是找其他专业公司，一个很简单的理由就是找其他公司做得收钱，所以就决定自己做。酒店在选址范围内挖出一大片石林，高的有20多米，共60多亩，虽然这种做法在现在看来很不科学，但是对第一次尝试做酒店的杨维虎来说却是一个很好的开端。2001 年 8 月 17 日，酒店正式营业，并于次年通过评审，成为当时重庆景区唯一的四星级酒店，2007 年，成功获评金叶级绿色饭店。2011 年，公司新投入资金近 2 亿元，对酒店进行全面升级改造。2013 年夏，华邦旅业推出一个新高端度假酒店品牌——拙雅精品，着力打造世界首家非物质文化遗产主题酒店，成为自然资源与文化资源相结合的稀缺珍品。

三、景区试水——打造武隆天坑三桥

2000 年国庆节，董事长与杨维虎等一行人来到了武隆天坑三桥景区（又名天生三桥），大家都被景区雄伟的气势所折服。当时该景区处于初始开发阶段，业主单位为武隆芙蓉江旅游开发总公司（国有公司），景区内只有简单的步游道，以及简易的售票厅和停车场，基础与配套设施还不完善，政府已经没有资金再投入，经过与政府多次洽谈，公司从武隆芙蓉江旅游总公司手中购买了该景区，当时武隆芙蓉江旅游总公司（除天生三桥外，还有芙蓉洞景区和没有开发的芙蓉江国家级风景名胜区及其他旅游资源）经营已经举步维艰，2001 年，政府采取所有权、管理权和经营权"三权分离"的方式，将整体债权债务一起转让给了汇邦公司。

这是第一次真正进行旅游景区开发，大家很有新鲜感，跃跃欲试，劲头很足。那个年代的旅游景区开发不太规范，政府干预不多。自从接管景区，杨维虎就没有再担任华邦公司除董事的任何职务，一心一意琢磨旅游，从 2000 年的 10 月到 12 月几乎都待在天坑三桥，每天一边转景区一边在想这个地方怎么弄，那个地方建什么。从里走到外，大概走了 80 多遍。据杨维虎回忆，那个时候他们也搞不清旅游开发到底是什么程序，反正觉得很稀奇，有很多想法。2001 年，他们重新修改了天坑三桥景区的游览线路，之后新建了索道和电梯，用了不到两年时间相继开发了芙蓉江国家级风景名胜区、武隆地缝（又名龙水峡地缝）和黄柏渡漂流（如图 3-3 所示）。

图 3-3　武隆天坑三桥景区

图片来源：武隆旅游官网。

在这个过程中他们走了很多弯路，不断试错也带来了不断发展，同时为后来的景区开发积累了大量宝贵的经验。比如一开始计划打造一个攀岩项目，因为当时很多外国人去武隆攀岩，当时想引进来，但是做得并不好，这使他们明白：一个景区要想生存和发展，要善于挖掘与自己适合的东西，打造自己的特色产品，从适合的产品开发与策划开始进行景区建设。同时这个过程也为后来公司的发展打下了坚实的基础，培养了大批具有实战经验的人才。

四、借势营销的成功典范——阿依河的"奇招制敌"

2004年公司的旅游板块已经做得非常好，在重庆地区有了一定的影响力，公司开始扩大自己的规模，在更多的地方投资建景区。2005年，彭水发现神奇大峡谷，公司对其资源进行了调查，发现这里的原生态峡谷很有吸引力，此外打造9公里的漂流线路也很有市场。应彭水县政府邀请，杨维虎拟开发这个大峡谷，并于2005年6月在彭水注册了重庆市华丰旅游开发公司。

阿依河景区开始打造。当时，重庆很多景区的开发建设都是先从规划开始，后来发现存在以下问题：一是大多数项目无法落地，或者所打造的内容并不符合市场需要；二是很多做规划的专家并不熟悉旅游，在武隆做旅游走的弯路也是如此。在总结以往旅游开发的得失后，重庆华丰旅游创新性地改变了以往的旅游景区开发流程，他们从策划开始打造阿依河景区，取得了很大的成功。由于彭水县是彭水苗族土家族自治县，也是全国唯一一个苗族土家族自治县。所以景区将这里定位为苗族风情，阿依河原名长溪河（如图3-4所示）。景区想要给这里改一个能够代表地方特色、朗朗上口、对游客有吸引力的名字，但从2005年开始打造景区到2006年景区的产品都已经打造出来了，还没有想到合适的名字。2006年10月，彭水一台原生态节目——《娇阿依》在中央电视台全国原生态民歌大赛中获得金奖。《娇阿依》是当地苗族非常喜爱的曲牌，配合原生态舞蹈，节目参与性与互动性都很强，演出班子回到彭水后，公司邀请他们到景区进行常态化表演，正好景区有一个叫牛角寨的景点。公司总经理提议用"阿依河"为景区名，管理层经过讨论和分析后，认为这个名字很好听，一致同意将原来的长溪河景区改名为阿依河景区，并对"阿依河"进行了相应注册。景区名字的更改遭到了当地许多人的反对，为了统一大家的思想和争取各方支持，公司开始做工作，通过分管副县长召集当地文化人士，包括教育界和历史文化名人等，最后"阿依河"

图 3-4　阿依河景区

图片来源：阿依河风景区官网。

这个名字正式替代长溪河作为景区名字，同时还找策划公司策划了"千年不变的美丽——阿依河"的营销推广活动。

出奇制胜的市场营销。2007 年阿依河景区开始对外开业，此时的设施虽然不够完善，但是市场方面做得很好。当时重庆在做评选"新巴渝十二景"的活动，评选内容分为自然山水和人文两大类，评选有网上投票和专家评审两个程序。这个活动刚开始，大家都没什么感觉，也没有踊跃参加，但是杨维虎觉得这是个机会，于是发动自己的所有朋友进行投票，每天排行都在《重庆晚报》第一版或者第二版登出来。事实证明这确实是一个很好的机会，而当对手反应过来开始拉票时，阿依河已经上万票了。这个活动进行了 20 多天，阿依河的得票数最多，每天出现在《重庆晚报》上，很多人都没有听说过的阿依河突然成为自然类的第一名，成为了"巴渝十二景"之一。最后颁奖的时候排名不分先后，由于阿依河的首字母靠前，于是成了"巴渝十二景"中的第一个，引起了市场的好奇与瞩目。

阿依河的出奇制胜看似侥幸，但其中蕴含的制胜法宝是公司对市场的敏锐，对活动天生的参与直觉，加上以产品为导向的开发模式，成为公司打造景区的特长与特色，阿依河开发的成功案例，为以后杨维虎的旅游开发生涯奠定了比较好的理论与实践基础。

五、情定格凸河

阿依河无论是产品的打造还是市场的定位推广都做得很好，取得了很好的经营业绩。但由于种种原因，2008 年政府提出收购阿依河，2009 年下半年，阿依河正式被当地政府收购。"对阿依河，董事长还有很多梦想没有实现，这基本上成了终生遗憾"。一方面，公司一直秉承保持原生态的理念，注重环境保护；另一方面，重视对当地文化的挖掘和保护，董事长说在这两方面他们还可以做得更好。

贵州格凸河属于非常典型的喀斯特地貌，格凸河的与众不同之一是这里的溶洞类型较多、体量庞大且内容丰富（如图 3-5 所示）。公司以前开发的武隆也是这种地貌，但是格凸河在某种程度上比武隆还好。首先，格凸河的自然资源具有很强的稀缺性和整体性。这里的穿洞群很有特色，旁边还有连在一起的天坑，以及后来发现格凸河从大穿洞到小穿洞的地下河流还有很多资源（如图 3-6 所示）。格凸河的地貌资源能够给人一种神秘的感觉，格凸河景区的中洞是世界第一大洞厅。其次，从文化上来说，这里是亚鲁王的故乡，拥有苗族 2000 多年前的迁徙历史，

图 3-5　格凸河的优美风光

图 3-6　格凸河大穿洞和燕王宫景观

历史悠久而且规模庞大。中国有很多苗族文化，但是这里的苗族文化因为有亚鲁王的传说而变得神奇迷人。

带着遗憾以及一个企业家对于出生地的热爱和责任，杨维虎回到了家乡贵州省。怀着好好做旅游的感情，在贵州省招商引资的大背景下，杨维虎带着他的团队来到了格凸河。他想要通过旅游带动家乡的发展，他把格凸河景区当作一件作品来打造和经营。

第二节　产品做明天

一、保持原生态——遵循小型化、自然化，杜绝大型化、人工化

保持原生态是公司一直坚持的理念，格凸河也不例外。贵州省安顺市紫云格凸河户外休闲旅游景区根据景区实际，做好景区保护规划；在此基础上，按照保护规划的相关要求，制定完善的、适用的各类保护措施、具体制度，明确人员职责。对于景观、生态、文物、建筑的建设、保护从 2012 年开始的费用达 4200 多万元。格凸河景区在建设中遵循小型化、自然化的原则，拒绝大型化、人工化（如图 3-7 所示）。

图 3-7　格凸河景区内的码头

首先，控制建筑规模，建筑设施融入生态。为保护景区生态，目前在格凸河景区内部没有大体量的建筑，保持了格凸河整体景观的原生性。景区对其内的农房进行装饰，运用能反映当地风情的建筑风格和材料及本地绿化树种。此外，民居尽量保持原有风格，在方案还没有确定的情况下，绝不乱动当地的一草一木、一砖一瓦。来到格凸河，人们感受到的是一种自然的神奇和天然的魅力。在亚洲最后的穴居部落——中洞人家，可以感受到最原始的住房条件，对于游客来说是一次难得的体验和经历（如图3-8所示）。景区的建筑采用的是仿古建筑，与景区环境相呼应。景区内新建的表演场所与大河苗寨的主题风格相一致，更加凸显苗家人的团结与能歌善舞。

图3-8　格凸河民居

其次，通过制定规章制度，加强环境保护。景区从基层工作人员到高层管理人员都是发自内心地热爱格凸河这片山水，为了保护这里的环境，景区专门设立了众多规章制度，比如，公司创造性地安排高层管理人员每天值班巡山，这个规定一方面增强了高层管理人员对这里的热爱，另一方面以身作则，增强了当地居民对环境保护的觉醒和重视（如图 3-9 所示）。

图 3-9　格凸河的自然风光

最后，保持当地员工的原生态性格。在景区工作的很多员工都是当地的村民，他们以前没有接触过现代的服务，服务意识相对淡泊。景区对员工进行了大力培训，但这里的员工和普通公司员工还是有很大的差别，他们依旧保留着村民的那种热情与洒脱。公司能够很好地融入当地人的生活，尊重他们的天性，让员工像真正的主人一样把美好活力的精神带给游客。

二、保护与挖掘非物质文化遗产——《亚鲁王》英雄史诗传颂

非物质文化遗产是民族传统文化的精髓，是人类文化的宝贵财富。旅游开发和利用是非物质文化遗产保护的有效途径之一，同时非物质文化遗产也是旅游开发的重要资源，能够代表本地最有特色的文化，使旅游地明显区别于竞争地，对游客具有很强的吸引力。

格凸河充分挖掘和利用当地的传统文化，对外宣传《亚鲁王》发源地，千年传颂的亚鲁王口号和形象标识已经成为格凸河旅游形象重要的一部分。《亚鲁王》是有史以来第一部苗族长篇英雄史诗，一般在苗族送灵仪式上唱诵，仅靠口头流传，没有文字记录。《亚鲁王》于2009年成为中国民间文化遗产抢救工程的重点项目，并被文化部列为2009年中国文化的重大发现之一。史诗生动地讲述了西部方言区苗人的由来和迁徙过程中波澜壮阔的场景，是上古时期中华民族曲折融合的见证。史诗《亚鲁王》填补了2000多年前这段苗族口述历史的空白。格凸河一方面通过宣传营销，让更多的人知道亚鲁王文化，知道这片神奇的土地。另一方面，格凸河景区内部的大河苗寨里有一处国家级非物质文化遗产传承基地，在景区听非物质文化传承人传颂古老史诗，对游客具有很强的吸引力，同时也促进了对非物质文化遗产的静态保护（如图3-10所示）。

此外，格凸河通过举办活动，实现非物质文化遗产的活化和再创造。在唱诵《亚鲁王》的葬礼上，有一个令人惊心动魄的"砍马"习俗，现已不多见。砍马师在进行古雅庄重的仪式后，要将战马作为牺牲品，一刀一刀地砍死，不能一蹴而就，过程长达半个小时。祖灵的铜鼓，一直轰鸣着悲怆的鼓音，直到马体被砍得鲜血淋漓、惨不忍睹，最终轰然倒地。神圣的铜鼓音伴随战马升天，鼓心的太阳纹被击得铮亮。据说，砍马是让后辈铭记亚鲁王当年一次次的战役都历经死亡的考验，就像这匹英雄而苦难的战马一样。那残酷血腥的场面，足以让人刻骨铭

图 3-10　传颂《亚鲁王》

心。随着时代的进步，这种传统的祭祀已经不符合现代的道德观念，但是作为一种古老的传承，如果全部放弃又是对传统文化的丢弃，格凸河因此改变了传统的砍马祭祀流程，通过活动，以一种游客可以接受的形式对砍马祭祀的传统习俗进行再创造，使古老的习俗得到演绎和传承，吸引了众多游客的目光，同时也使更多的人了解了这个古老的习俗。

　　旅游产业和文化紧密相连，非物质文化遗产作为人类历史长河中世代相传的珍宝，是旅游业发生和发展的重要因素。认识到非物质文化遗产的重要性，在旅游开发中保护和充分挖掘非物质文化遗产，能够给旅游发展带来机遇。

三、旅游产品做明天——把握高端健康养生旅游新时尚

　　追溯历史，格凸河注重对非物质文化遗产的保护和挖掘；展望未来，格凸河把握健康旅游新时尚。

养生旅游是一种为保持和加强个人身心健康而进行的旅游。世界养生协会调查数据显示，将全球所有的境内和出入境游客的消费加起来，养生旅游产业 2013 年总收入约为 4940 亿美元，养生旅游消费比 2012 年增加了 12.7%；比 2012~2013 年整个旅游消费 7.3% 的增长率要快 50% 左右。2013 年，在 211 个国家发生了 5.865 亿趟旅行，养生旅游占了 2013 年整个国内和国际旅行数量的 6.2% 左右，养生旅游消费占了整个旅游消费的 14.6%。在目前的养生旅游市场份额中，主要养生客源（即将养生作为旅行唯一目的的客源数量）占整个养生旅游数量的 13%，而消费占整个养生旅游消费的 16%。通过以上数据可以发现，健康养生旅游市场是一个很有潜力的旅游市场，格凸河凭借其天然的环境优势，加上公司创始人的敏锐目光，已经把握住了这一新的趋势，走在了旅游景区建设的前沿。

健康养生旅游的形式主要包括 SPA、瑜伽、药草治疗、顺势疗法、自然疗法等。健康旅游产品主要包括室内室外的健身运动；生物技术栽培的、烹饪时保持维生素和矿物质不受破坏且给人以视觉享受的饮食；各种放松的项目，不同类型的桑拿、伴有柔和的冥想音乐的放松屋、各种类型的按摩、结合不同的药物治疗；休闲，包括为灵魂提供养分的项目，如文化活动、远足、对当地生活方式的了解等。

贵州格凸河景区总面积约为 70 平方公里，格凸河景区独立型旅游资源实体巨大，旅游资源分布较广，既有群山、峡谷、悬崖等地文景观，有河流等水文景观，有古树、溶洞、方竹等生物景观，有历史遗迹悬棺、仿古建筑、民俗风情等人文景观，还有可观日出的自然景观。各景点间结构优美、疏密度优良，游客参与互动性较强，可为健康养生旅游提供很好的活动空间。格凸河的健康养生旅游产品主要是结合自然疗法的瑜伽以及各种类型的运动休闲项目（如图 3-11 所示）。

洞穴瑜伽与太极。瑜伽发源于印度北部的喜马拉雅山麓地带，瑜伽发展源于自然，格凸河景区的自然环境优美神奇，不可思议的格凸河有着世界最大的洞穴——苗厅。2016 年，格凸河举办中国首场洞穴瑜伽盛宴，邀请了 10 多位印度瑜伽大师，开展"瑜伽与医学"主题公开课，在自然鬼斧神工创造的神奇苗厅里

图 3-11　在格凸河户外运动的游客

开展瑜伽课程，是一场有益身心健康的灵魂之旅，吸引了众多游客前来和媒体报道。2017 年，公司将充分利用格凸河的天然条件，引入国粹——太极。这些项目将来都会常态化运行。

运动休闲。格凸河的山地类型非常适合做运动休闲类项目。格凸河至今已经举办了三届丛林穿越赛，还有万人帐篷节、国际攀岩节等众多运动项目（如图 3-12所示）。游客通过这些活动锻炼了身体，增加了人与人之间的交流，亲近了自然。通过攀岩等极限运动使人肾上腺激素分泌增加，瑜伽的静和攀岩的惊险刺激组合能够保持身体机能的活跃状态，有助于人的身心健康。

旅游产品要做明天，作为旅游企业家需要不断思考未来旅游到底要往哪里

图 3-12　格凸河攀岩交流大会

走？旅游是一个走在"时尚"前沿的行业，有新鲜感的事物也很有可能成为将来旅游发展的一个方向，但是追求"新鲜"是有风险的，需要企业家在不断的积累中练就敏锐的观察力和思考力。

　　面对格凸河庞大而丰富的旅游资源，经过多年的探索与思考，公司对格凸河的进一步开发已经明确了主题方向，即运动休闲和健康时尚。为了实现这个构想，公司成立了相应的专业子公司：紫云华丰酒店公司、贵州格凸户外运动公司和贵州格凸文化产业公司。

紫云华丰酒店公司。充分利用景区的特有资源，打造和开发比较时尚的酒店，如集装箱式酒店、洞穴酒店、悬崖酒店、树屋酒店等以解决客人的吃住基础需求。

贵州格凸户外运动公司。格凸河已经举办了十四届国际攀岩赛、三届国际丛林穿越赛、三次国际帐篷露营节，格凸攀岩小镇和攀岩学校正在建设中（如图3-13所示）。这些活动的传播效果好，但是由于这些基本上属于专业赛事，游客现场参与度差。为此，公司成立户外运动公司，以开发游客能够参与的大众化户外运动项目，比如速降、溯溪、洞穴探险、穿越、漂流、飞拉达、秋千等。

图3-13　格凸河景区帐篷露营

贵州格凸文化产业公司。与格凸河密切相关的亚鲁王文化早已是国家级非物质文化遗产，目前正在申报世界非物质文化遗产。亚鲁王文化涵盖了麻山地区苗族从"先苗文化"到"蚩尤文化""九黎文化"，再到"三苗文化"的传统系列，时间可以追溯到5000多年前。格凸河既是麻山人民的母亲河，更是承载数千年苗族历史的文化河。格凸河不可思议之处：千古传颂亚鲁王、悬棺洞葬、砍马祭祀、蜘蛛人等，都是亚鲁王文化的一小部分，公司将整合现有的大河苗寨演出、蜘蛛人徒手攀岩以及格凸河景区入口的毛迥村"亚鲁王城遗址"、紫云县"亚鲁王文化工作室"等，深度挖掘古苗文化，使之更好地为旅游服务。

思考

1. 在格凸河"前世今生"的发展过程中遭遇重大挫折或成功的关键要素是什么？给我们哪些启示？
2. 如何理解"旅游产品做明天"？

第四章　传奇营销：猎奇心理大作战

　　在贵州高原上，深山峡谷中，世外桃源里，千百万年以来，吸天地之灵气，纳日月之精华，孕育了一处不可思议的地方。这里有千年不变的美丽，这里有千年不变的传奇，这里还有千年不变的神秘，这是地球上一个匪夷所思的地方，非亲临你无法想象，这就是——紫云格凸河。也许你一生中去过很多地方，饱览过无数的壮丽山河、秀美风光，也领略过众多人文风情、奇风异俗……但是你却没有到过这么一个让人不可思议、无法想象、令人惊叹、心驰神往的地方。格凸河如何使这"紫气祥云"之地被众人所知？又如何吸引各国游客前往？带着疑问，我们走进这个神秘的世外桃源进行探寻，随着调查、访谈、资料收集的逐步深入，渐渐地揭开了它的神秘面纱。

第一节　"不可思议"的精准营销

格凸河景区正处于不断成长阶段，它的神秘、它的不可思议需要让更多的人去了解、去熟悉，因此正确地选择目标市场，明确企业的服务对象，是格凸河制定营销战略的首要内容。为避免景区在营销上出现"重面轻质""舍近求远"的问题，格凸河通过细分市场、阶段性促销、多元化营销等政策，与产品进行组合，充分发挥长处挖掘各类客户群，极力减少市场空白，促进旅行社终端的收客积极性和组团便利性，不断提升格凸河客流量。

一、"保五争三，九区三层"的市场定位

（一）细分市场，精准营销

1. 格凸河紧紧围绕"不可思议的地方"展开一系列的营销活动

在巩固和加深"不可思议"已有的品牌市场影响力和美誉度的基础上，格凸河优化调整媒体策略及投放计划，重点调研贵州省、云南省、重庆市、广西壮族自治区四地的游客特征、市场特性等，并进行重点的、有针对性的精准营销，同时强力打造国内外三级市场，深入贵州省九区三层的宣传。

2. 细分市场，分解指标落实到人

（1）国内市场定位。一级市场定位为贵州省、重庆市、四川省、云南省、广西壮族自治区；二级市场定位为广东省、湖南省、湖北省、北京市、上海市；三级市场定位为陕西省、山东省、江苏省、浙江省、福建省。

（2）海外市场定位。一级市场定位为中国港澳台地区、日本和韩国；二级市场定位为美国、欧洲及东盟国家。

（3）特别机会市场定位为苗族后裔分布区。

（4）立足环贵州省市场群，面向全世界，精准定位目标人群，细分为线上和线下两种渠道。线上渠道：各大网络营销平台、网络俱乐部等。线下渠道：旅行社、自驾协会、各大社团、各院校、散客等。

（5）加大在贵州省省内的宣传力度，将全省划分为九个地区三个层次，把这九个地区分为三层递增式宣传方向：第一层为贵阳市、安顺市、黔西南地区；第二层为六盘水市、黔南市、毕节市；第三层为黔东南地区、遵义市、铜仁市。通过一层层的突破且同时抓牢基础，才能使我们把"格凸"品牌一步步地打响贵州省，做到贵州省人人皆知。同时，以景区为中心，最临近景区的周边区县作为特别市场，做到覆盖式宣传，如酒店、停车场等。在细分市场的基础上进行指标分解，落实到人，分工协作，相互配合，确保了团队游客人数。

（二）"不可思议"的猎奇营销方式

格凸河，一个不可思议的地方。格凸河的不可思议源于千古传颂的亚鲁王文化、蜘蛛人的徒手攀岩、千年的悬棺洞葬、世界最后的穴居部落、魔幻的阴阳河谷、壮观的地宫苗厅以及世上罕见的天地神光与砍马祭祀，这种不可思议吸引了海内外众多游客的目光，景区恰到好处地运用猎奇心理将格凸河自然与文化的不可思议传播到世界的每一个角落，格凸河的不可思议需要亲临而自知。

二、"产品为王，服务至上"的营销理念

在这个信息化的时代，没有永远的王者，只有不断的创新；没有永远的口碑，只有不变的坚持。格凸河就这样始终坚持"科学规划、统一管理、严格保护、永续利用"的景区建设方针，加强景区建设和保护，以"产品为王，服务至上"，格凸河相信品牌力量的终极体现一定是在好产品和极致的服务体验上。

（一）景区管理标准化与精细化

2005 年格凸河景区被列入国家级风景名胜区后，按国家级风景名胜规划的

标准，聘请了贵州省建筑设计院进行了《紫云格凸河国家级风景名胜区总体规划》编制，2010年9月通过国务院部际联席会议审查，2013年2月4日，经国务院同意，住建部正式行文批准总体规划。景区在省委、省政府，市委、市政府高度重视安顺市旅游业发展的前提下，在紫云"十二五"旅游业发展规划的指导下，以在安顺市举办第十届贵州旅游产业发展大会为契机，以成功申报国家AAAA级景区为基点，进一步深化省委领导进一步强化大景区、打造世界知名、国内一流的旅游目的地的理念，科学规划，创新体制，在各级领导的大力支持下，景区逐步完成了大穿洞景区接待中心、停车场、小垭口城楼、检票口、游览步道、栈道、浮桥、索桥、观光电梯、智慧系统、生态厕所、观景平台、大河表演场等项目。景区开发本着"以人为本"的理念，处处留心皆可观。

从斥资1880万元打造的游客接待中心到6大区800余个停车位的停车场再到与景观完美契合的游览步道和浮桥以及智能化的安保与检票系统，融合苗族建筑风格的大河表演场以及生态厕所都体现了景区建设开发的精细化。除景区开发方面的精细化，格凸河对车队、船队的管理极其严格，还设置了残疾人轮椅、婴儿车等，这些无不彰显"以人文本，服务于民"的理念。

（二）"猎奇"的营销策略

1. 推广主题

格凸河景区牢牢把握核心"不可思议的地方"，同时以三大主题"跳花节""古苗节""贵州格凸国际户外休闲旅游季"为重点，展开营销宣传工作。

在品牌宣传上重点体现12个不可思议、6处人文、6处自然。人文主题围绕苗族亚鲁王文化开展，自然主题围绕景区特有的自然景观开展，同时搭配户外运动天堂的形象。格凸河围绕这两大主题进行宣传，用活动带动宣传，用活动带动营销。

2. 形象广告

格凸河突出强调"不可思议的地方——紫云格凸河"这一形象，同时在推广中也使用"紫云格凸河——不可思议的地方·非亲临无法想象"（如图4-1所示）

这样的宣传口号，凭借景区天地神光、万燕出（归）巢、立体穿洞群、魔幻阴阳河谷、世界第一大洞厅——苗厅、山顶上的古河、千古传颂亚鲁王、徒手攀岩蜘蛛人、千年悬棺洞葬、砍马祭祀祖宗魂、最后的穴居部落和苗族大观园 12 个不可思议为主要宣传内容，充分运用旅游者的猎奇心理，突出格凸河的与众不同与不可思议，让格凸河成为众人向往的神秘之地。

图 4-1　格凸河宣传

3. 品牌 LOGO

格凸河充分运用专属于景区的 12 个不可思议，创造出专属于景区的 LOGO（如图 4-2 所示）。整个 LOGO 以云朵、高山、河流和牛角为主体，代表着格凸河景区是一个自然与文化兼备的神秘之地，这里的风光足以让游客叹为观止，这里的文化更为神秘之地增添了浓墨重彩的一笔。

图 4-2　格凸河品牌 LOGO

第二节　大型节事与极限运动的轰动效应

格凸河采取线上线下相结合的营销手段，传统营销与互联网营销相结合，努力扩大自身知名度和影响力，格凸河巧妙运用大型节事活动以及极限运动的营销推广吸引眼球产生轰动效应，大大促进了格凸河的市场推广效果。

一、全位联动的传统营销

传统营销是一种交易营销，强调将尽可能多的产品和服务提供给尽可能多的顾客，通过层层严密的渠道，并以大量人力与广告投入市场，从而达到满足现实或潜在需要的综合性经营销售活动过程，消费者在消费过程中有很强的交流性，可以看到现实的产品并体验购物的休闲乐趣，同时也取得了大众的信赖。

（一）终端广告营销

终端广告营销是当前各产业应用最广、时间最长、最为人所熟知的营销模式和手段。

格凸河通过交通广播电台和楼宇视频宣传，加强品牌的推广，同时先后在省级报刊发文，地方报纸杂志进行报道，运用相关领导考察、海外专家考察、活动策划、项目进展报道来进行宣传，积极参加旅游推介会，先后在北京市、上海市、广州市、南宁市、西安市等众多城市进行推广取得很好的效果（如图4-3所示）。其中，格凸河景区多篇专题报道反响剧烈，极大地提高了民众对格凸河的认知度。

图 4-3　格凸河参加旅游推介会

（二）大型节事营销

活动策划具有深层诠释性，一场好的活动策划，可以将需求表达得清清楚楚，这种深层诠释性是一般广告所无法比拟的。一般活动策划大多是围绕一个主题展开的，通过这些标题可以很好地树立品牌形象，使消费者在产品使用价值的基础上，获得精神上的满足，它的公关性是非常强的。活动策划是一个旅游景区营销的重要因素，开展系列化的大型体验性活动是市场制胜的法宝，并以此培育市场卖点、消费热点和利润增长点。

活动策划活动设计是景区旅游产品的重要组成部分，也是有效的营销方式。一般有主题节事活动、表演性活动和参与性活动三类，景区结合该景点所在地的民俗轮流推出新的活动，加上参与性活动的趣味营销手段，更可突出立体效果，多层次、全方位地营造欢乐、轻松的现场气氛。格凸河大型节事活动营销主要包括重大节事、特殊活动、标志性节事（如表 4-1 所示）。

表4-1　格凸河主要大型节事活动

营销类型	主题活动	主要节日与活动	活动类型
重大节事	跳花节	三月三苗族跳花节	以宣传跳花节为主，弘扬苗族文化，举办系列跳花节活动
		国际民间文化艺术节	以传唱亚鲁王、蜘蛛人攀岩为主，展示民间文化艺术
		劳动节（5月1日）	"亲子游格凸，免门票"
		国庆节（10月1日）	"国庆游格凸，好礼送不停"
特殊活动	不可思议	千人洞穴交响音乐会	格凸河国家级风景名胜区燕王宫里举办世界首场洞穴交响音乐会
		贵州格凸河低空跳伞	国际型的低空跳伞活动，夺人眼球，各大媒体争相报道
		千车自驾	重庆—格凸河首届千车自驾大型主题旅游活动，引领自驾热潮，吸引众多游客与媒体的目光
标志性节事	户外季	万人七夕帐篷节	情侣帐篷与亲子游
		中·印千人瑜伽峰会	健康养生，吸引瑜伽爱好者参与
		全球精英丛林穿越赛	利用景区的自然优势吸引全球丛林穿越爱好者进行丛林穿越，为海外市场宣传造势
		国际攀岩节	每年都会举办的国际攀岩节，吸引众多国家的优秀攀岩爱好者前来挑战，也吸引了众多游客的眼球

格凸河在活动策划和创意营销方面下足了功夫，通过少数民族的传统习俗与现代科技相结合，打造特色鲜明的主题活动，并根据不同主题效果进行陈列布置、烘托气氛，使游客更加清晰地体会到当季的主题氛围，有力地提升景区的人气。

1. 重大节事

重大节事包括三月三苗族跳花节、国际民间文化艺术节、五一与十一节假日。

（1）跳花节是安顺苗族最隆重、历史最悠久的传统节日（如图4-4所示）。

传说是苗族英雄人物杨鲁兴起的,至今安顺北门外跳花山仍以其名命名。"跳花"
一词为汉名,因坡上栽有花树而得名,与苗语意思不尽相同,苗语称跳花为"欧道",
意为"赶坡"。跳花日期全都在农历正月间,现仍有24处固定跳花坡。节日期间,
苗族人民尤其是男女青年,穿上节日盛装,未婚男子背上十几床甚至几十床精美
的背扇扇面,如是未找到对象的女子可请兄弟代替,女子则用包裹包上银铃、银
珠、银链等装饰品。男子吹笙舞蹈,女子摇铃执帕起舞附和,围绕花树翩翩起舞。
有爬花杆比赛,有比射弩、比针线手艺,有武术表演、倒牛、斗牛等文体活动。
每个花坡跳花日期为三天。第一天栽花树,苗家人遥见花树而作准备;次日清晨
空寨前往;第三天跳花结束,客人就近处苗寨食宿,饮酒吹笙弄弦欢乐,通宵达
旦。花树由寨老送至长期不生育者家中,不生育者见之大喜,宴请宾客。男女青
年借此择偶,老人吹笙奏笛,以庆丰年。如今跳花节已成各族人民参与的盛大节
日,届时,安顺城内、邻近各寨蜂拥而至。

图 4-4　跳花节

一年一度的跳花节日，由当地苗族群众推举主持人，花坡花场场地的选择以开阔旷野为宜。节日那天，高高的"花树"披红带彩立于旷野场地中央，花树下设方桌置放香烟、香茶、美酒、芦笙等物品，并以花树为中心展开各种丰富多彩的活动。参加跳花的，不仅是当地的苗族群众，方圆几十里乃至百里外的以苗族为主体的各民族群众也有不少人盛装前来跳花、观光。活动开始，先由有权威的苗族寨老或主持人发起敬宾酒，然后由中年人开场，吹奏起喜悦欢快的芦笙舞曲，若干青年人跟随，围着象征团结、繁荣、吉祥的花树绕圈蹁跹起舞。这些多式多样的花坡舞和欢快的芦笙舞曲非常传神，有的情绪热烈、节奏明快、舞姿矫健，充满了乐观向上的激情，给人一种美妙的感觉；有的节奏舒缓，如涓涓细流，给人喜悦欢庆的气氛。自古以来，苗族人民就用这种吹芦笙伴跳舞来娱乐欢庆。不论是何种花坡舞和芦笙舞曲，既给人以一定的民族特色，又给人以不同的内容和风格，充分体现了苗族人民乐观向上的精神和智慧，展示出勤劳、善良和勇敢的民族本色。对年轻的芦笙手来说，吹奏好各种芦笙舞曲，又跳出动人的舞步，也是在跳花场上表现自己才华的大好机会；吹奏动听、舞姿美妙，不但能博得大家的喝彩，而且会获得姑娘们的倾慕。芦笙舞入场绕入称为"上花"，下场绕出称为"下花"。跳完一曲后休息，由主持人斟酒倒茶慰勉。一转次结束后，另一批接着入场吹奏舞蹈，直至日暮尽兴，方始收场。舞蹈吹奏之时，周围站满盛装的围观人群，特别是苗族跳花节的姑娘，她们身着鲜艳美丽的本族服饰，撑着花伞簇拥在一起，边欣赏边等待心爱的小伙子到来。小伙子们衣着整洁、精神抖擞，一帮帮拉着二胡、吹着笛子、口琴或木叶，在姑娘群中往来穿行，仔细寻觅自己心爱的姑娘。苗族青年谈爱的方式，大多先以对歌诉说自己的家世、条件和对美好生活的追求、向往，进而以情歌诉说相互间的爱慕之情。双方满意后，就携手到林荫处密谈，或到热闹之处游玩，以增进彼此间的了解。每逢跳花节日，苗族姑娘都盛装打扮自己。在跳花场上，人们可以看到她们一个比一个打扮得漂亮，并从打扮上可看到各自刺绣手艺的精绝、双手的灵巧。因而跳花节既是苗族服饰的展览，也可说是服饰的大竞赛。苗族的服饰，按支系不同又各具特色。有的以靛青色为底，配以白色花纹和精美的彩色蜡染、挑花刺绣图案，整个服饰显得富丽、和谐而沉稳；有的则以白底配青色或彩色蜡染图案，再配以挑、刺、绣图案，给人以朴实明快、素雅大方的印象。苗族服饰多姿多彩，其文化内涵极为丰富，图案和式样都代表一定的历史，有一定的生活内容，多为本民族故乡田园、迁徙历史及生产生活、审美意识的记录和体现，是苗族文化的重要组成部分和民族特色的重要标志。在跳花节，除了以花树为中心的"上花""下花"活动外，还另择地分别举行斗牛、赛马、摔跤、射弩、吹唢呐等民族传统活动，供各民族爱好者观赏。在织金，比较大型的跳花节日，有青山羊场的谷花节，不但白天举行活动，晚上还要举行篝火晚会，非常热闹。

格凸河景区在跳花节期间吸引众多游客前来共同参与，各大媒体争相报道，游客满意度高、媒体评价高，全方位提升了格凸河的知名度与美誉度。

（2）国际民间文化艺术节。"格凸河的春天正在呼唤，苗家的米酒酒香正浓，清脆芦笙扬清风，情深的是山，爱浓的是水，淳朴的是苗岭的歌，民间的艺术在传承，世外的仙境是格凸。"格凸河景区致力于民族文化的保护与传承，十分重视民间文化艺术，2017年举办了首届国际民间文化艺术节，取得了圆满成功。国际民间艺术节主要包括东郎唱颂亚鲁王传奇、苗族歌王献唱经典、时尚瑜伽健康养生、魔术芭蕾彩绘艺术、鼓动格凸、亚鲁王传奇千年唱、民间绝技格凸显、徒手攀岩蜘蛛人等项目。国际民间艺术节充分展示了当地的非物质文化遗产"亚鲁王史诗"，讲述了苗族英雄亚鲁王一生的事迹，从深沉的唱颂声中，让人感受到了历史的沉淀与这个神奇民族的独特传承方式，不得不让人惊叹他们的毅力之深，仅仅靠着这些史诗唱颂，代代相传。同时，风景名胜区管理处副处长任克涛先生还为"蜘蛛人"颁发了"民间绝技徒手攀岩"的奖牌，感谢这些绝技传承人一直为景区的发展作出的巨大贡献，也是对于这种濒临消失的民间绝技的赞美与崇敬。

国际民间艺术节的举办吸引了国内外30多家媒体争相报道，感受民族文化的神奇色彩，传承、保护和发扬民间艺术，不断促进景区的全面发展。

（3）"五一"与"十一"节假日。每年"五一"与"十一"假期是格凸河热闹的日子。景区策划系列活动吸引众多游客。"国庆游格凸，好礼送不停""亲子游格凸，免门票"等，苗族精彩的表演与蜘蛛人表演一个接一个，一切都让这场盛宴变得与众不同，游客们在格凸河欣赏美景的同时也享受畅玩的乐趣，尽享狂欢盛典，玩出高大上。

2. 特殊活动

特殊活动有千人洞穴交响音乐会、贵州格凸河低空跳伞、千车自驾。

（1）2015年5月24日，贵州省紫云县格凸河景区燕王宫洞中上演了一场别具一格的交响音乐会——"世界首场天然洞穴（穿洞）交响音乐会"（如图4-5所示），是贵州省首次将音乐会搬到洞穴（穿洞），也是世界首场洞穴交响音乐会，音乐会邀请贵阳交响乐团演出，香港指挥家简栢坚指挥，县领导及400多名观众现场聆听。这是世界首场洞穴（穿洞）交响音乐会实景创意演出，也是贵州西部地区第一次展示喀斯特山水和交响乐、原生态亚鲁王文化融合在一起的大型实景

图4-5 千人洞穴交响音乐会

演出。在洞穴内河面上搭建起来的临时舞台上，与洞穴中飞翔的数万只白腰雨燕，一同聆听了这场世界首场洞穴（穿洞）交响音乐会。音乐会在亚鲁王史诗唱诵中正式拉开帷幕，来自紫云亚鲁王文化研究中心的演员们，用原生态的吟唱形式向观众展现了苗族英雄亚鲁王带领族人创世与迁徙征战的不朽传奇。随后，来自贵阳交响乐团的演奏家们，在著名指挥家简栢坚的指挥下，接连为现场观众带来了《芬格尔山洞》《蓝色多瑙河》《春之声圆舞曲》《雷电波尔卡》《培尔金特组曲》等国外经典名曲以及《瑶族舞曲》和《火车托卡塔》等中国名曲。音乐会没有主持人，也没有使用音响，舞台上空不少燕子凌空飞舞鸣叫，舞台边上流水潺潺，音乐与自然神奇交融。走到户外、森林、海边看交响音乐会在国外已经是一种很成熟的表演和欣赏方式，而洞穴交响音乐会堪称世界第一场，给观众带来了不一样的体验。"洞穴交响音乐会"吸引了全世界的目光，也大大提升了格凸河的知名度。

（2）低空跳伞。近几年，极限运动的发展吸引了众多人的目光，低空跳伞也成为各大景区夺人眼球的营销方式之一。2016 年 7 月 4 日，在"最美的喀斯特地貌圣地，神秘的亚鲁王文化秘境——格凸河"举办了一场低空跳伞活动（如图 4-6 所示）。"有一种刺激叫低空跳伞，低空跳伞是贵州格凸河特色旅游项目之一，不过，很多游客都只敢远观不敢亲身体验，低空跳伞玩的都是心跳和激情，恐高者简直受不了——敢约吗？"这场国际型的低空跳伞活动吸引了众多游客，在各大报纸的头版头条刊登，同时微博、微信等平台对该项活动关注颇多，掀起了一股浪潮，提升了格凸河的影响力。

（3）千车自驾。2015 年 4 月 4 日，为期 3 天的"走进格凸河，赏世界最美喀斯特风光"大型千车自驾活动吸引了众多目光（如图 4-7 所示）。本次活动由贵州省紫云县格凸河国家级风景名胜区、重庆非去不可旅游文化传媒有限公司共同主办，中国自驾游协会重庆分会、中国户外探险联盟重庆站联合组织实施。此次活动起点为重庆，终点为贵州格凸河景区。活动把大众的目光聚焦到了贵州格

图 4-6 低空跳伞

图 4-7 大型千车自驾游活动

凸河景区，这是渝黔两地首次 600 辆车以上的大型自驾主题活动，引领时下自驾热潮，多家媒体广泛报道，吸引了众多游客。格凸河景区不断致力于跨区域营销，努力开拓区域外市场，逐步扩大市场影响力。

3. 标志性节事

标志性节事有"贵州格凸国际户外休闲旅游季"系列主题活动。

格凸河风景名胜区位于贵州省安顺市紫云县，这里既有令人心驰神往的苗族文化，又有世界上独一无二的喀斯特地貌。历史记载，居住在这里的苗人曾有"蜘蛛人"之称，他们经常攀岩采药，形成了独特的攀岩传统。格凸河国家级风景名胜是贵州省唯一授牌的省级攀岩运动基地，也是有现代国际流行的低空跳伞、蹦绳、翼服飞行、山地运动和各种极限运动的王国。格凸河还是《亚鲁王》的发源地，2011 年正式被国务院公布为第三批国家级非物质文化遗产名录。"贵州格凸国际户外休闲旅游季"系列主题活动是格凸河景区的标志性活动，主要包括全球精英丛林穿越赛、万人帐篷节、千人瑜伽、国际攀岩节、"越"动青春 730 等活动。通过系列活动打响格凸河品牌，提高游客参与度。

2016 年 7~9 月，格凸河景区每周举办大型夏日户外嘉年华活动。8 月 6~7 日，举办"万人七夕帐篷节"；8 月 13~18 日，由格凸河景区与别院瑜伽携手举办"中·印千人瑜伽峰会"大型活动；8 月 17~21 日，举办一年一度的国际丛林穿越赛事；9 月 10 日，举办大型格凸河摄影展，展示内容为整个贵州格凸国际户外运动休闲旅游季期间游客投稿的作品，同时将有格凸河景区自行车挑战赛进行，之后将是闭幕仪式。

（1）中国格凸国际攀岩节由贵州省体育局、安顺市政府主办，每年来自法国、新西兰、波兰、中国台湾等 8 个国家和地区的 200 名专业攀岩选手和攀岩爱好者将在为期 3 天的攀岩节期间大展身手（如图 4-8 所示）。早在 2004 年，格凸河就举办了第一次攀岩比赛，此后在各国攀岩协会的帮助下，先后在格凸河开通了 300 余条绝美的攀岩路线，其中有两条线路至今还未被攀登过，格凸河现

图 4-8　格凸河攀岩节

已成为世界级的攀岩场地。2017 年的攀岩节特别增加了"红点攀"这一项目，要求运动员在 7 小时内连续攀登多条路线，最后按攀登路线的多少来排名，在国际性的攀岩节中这属于首创。中国格凸国际攀岩节在紫云县举办，是一个让世界了解格凸河的好机会，在攀岩节后会建设一个攀岩村寨，健全配套设施建设，把这里打造成一个攀岩天堂，留住所有来这里的攀岩爱好者，把格凸河打造成具有贵州特色的山地休闲旅游之地。

（2）"发现之路·格凸探秘"，全球精英丛林穿越挑战赛依托贵州紫云独特的户外资源和深厚的少数民族文化底蕴，在美丽的格凸河畔打造了一场集励志、公益、挑战、趣味等于一体的经典户外越野跑赛事（如图 4-9 所示）。"穿越秘境，发现自己"，在为期 3 天超过百公里的激烈比拼中，来自复旦大学管理学院、上海交通大学安泰经济与管理学院、北京大学光华管理学院、湖南大学工商管理学院、中山大学管理学院、浙江大学管理学院、贵州大学 EMBA、北京科技大学管理学院、美国德克萨斯大学阿灵顿商学院、中国人民大学商学院、中国科学技

图 4-9　全球精英丛林穿越挑战赛

术大学管理学院、厦门大学管理学院、MBA 联合战队等院校代表以及众多企业精英战队（凯乐石队、驰纵队、即墨之鹰队、羊掌柜队、Jeep 战队、大漠胡杨队、棕熊队等）的选手们经过了古老久远的格凸河、紫云最具代表性的自然景观燕子洞和亚洲仅存的最大穴居部落苗族"中洞"。领略了大美紫云的奇山秀水和少数民族丰富多样的风土人情，露营地丰富多彩的活动也给了选手们此次丛林穿越挑战赛别具一格的"野趣"体验。作为 2014 年全球商学院 EMBA 丛林穿越挑战赛和 2015 年全球精英丛林穿越挑战赛的延续升级，第三届"发现之路·格凸探秘——2016 全球精英丛林穿越挑战赛"不仅吸引了中国著名动作导演熊欣欣三度参赛，更有"2016 全球精英丛林穿越挑战赛"首席推广大使中国台湾知名艺人徐洁儿等明星选手，共计 200 余名选手的参与。

据相关调研机构数据报告，通过系列主题活动，格凸河的品牌认知度、偏好度及美誉度得到了显著提升，游客量较之前得到显著提升。另外，通过媒体的多方位报道以及网络宣传进一步提升了景区游客接待量，尤其是海外游客接待人数。

（三）"黄龙屯格"整合营销促发展

2016年中国自驾游路线评选揭晓，由安顺市旅游发展委员会报送的自驾游线路——"黄龙屯格 | 飞瀑石寨'纯氧'行"以 101889 票居榜首。从"流沫沸穹石，飞珠散轻霞"的黄果树到"梦幻龙宫，自在田园"的龙宫秘境，再到"明代古风，江南余韵"的屯堡，还有"不可思议的地方格凸河"，"桃红复含宿雨，柳绿更带朝烟"的乡村原野……在"黄龙屯格 | 飞瀑石寨'纯氧'行"一路风景。格凸河充分利用自身优势，与黄果树、龙宫、屯堡进行整合营销，实现共赢。

格凸河景区充分意识到孤军奋战的短板，通过整合营销的方式，充分利用自身的自然与人文优势实现与其他三大景区的合作，用最少的成本达到最优的宣传效果，不断促进景区的全面发展。

（四）线下旅行社合作

格凸河与组团社强强联手，建立牢固的合作关系，以市场部为龙头，每个城市选择 3~5 家有品牌和实力的旅行社企业作为重点推广合作对象，以点带面向周边城市辐射，重点做好贵州地区旅游团体的宣传推广工作，加快市场占领速度，提高市场占有率，力争实现游客接待量达到预定目标人次。

二、"万能胶"式的互联网营销

互联网营销也称为网络营销，就是以国际互联网络为基础，利用数字化的信息和网络新媒体的交互性来辅助营销目标实现的一种新型的市场营销方式。市场营销中最重要、最本质的是组织和个人之间进行信息传播和交换。随着互联网技术发展的成熟以及联网成本的低廉，互联网好比是一种"万能胶"，将企业、团体、组织以及个人跨时空联结在一起，使他们之间的信息交换变得"唾手可得"。

网络广告是互联网公司重要的营销模式，这也是最容易实现的网络营销方式。

互联网发展到今天，信息展示的方式已从门户网站发展到社会化媒体，传播效率由低到高，沟通方式也由单向到双向。因此，借助于现代化的互联网产品，如社交网站、搜索引擎、博客、微博、微信等工具实现传播的互联网化，是互联网思维下营销模式转变的第一步，也是最容易的一步。格凸河传播模式从开始的官方网站宣传，到社会化网络媒体营销，再到微博、微信等新媒体的应用，都是互联网营销的生动体现。

格凸河线上有官方网站，线下依靠传统旅行社，同时还与全国各地的 OTA 合作，构筑线上 + 线下相结合的平台。

（一）社会化媒体营销

社会化媒体营销亦称社会化营销，是利用社会化网络、在线社区、博客、百科或其他互联网协作平台新媒体来进行营销，是维护公共关系和客户服务开拓的一种方式。社会化媒体营销又称社会媒体营销、社交媒体营销、社交媒体整合营销、大众弱关系营销。社会化媒体营销能针对产品进行推广，更精准、成本更低，达到一种口口相传的效果，同时也达到口碑营销的效果。

格凸河通过网络——新浪微博和腾讯微博为游客提供信息和服务（如图 4-10 所示），举行各类有奖互动活动，吸引公众目光。

图 4-10　格凸河新浪官方微博

（二）自媒体营销

随着互联网科技的发展、移动端应用服务的普及，为了给游客提供更好的服务，格凸河与时俱进，推出格凸河微信公众号来服务游客，实现即时资讯的传播，满足手机无线客户端游客在吃、住、行、游、购、娱等方面的旅游资讯服务需求。

充分利用 APP、微信、微博等新媒体，及时捕捉手持端支付、新媒体传播、交互营销等趋势，加强掌上格凸河的宣传推广力度，推进智慧景区标准化建设，使游客获得多层次、多维度的游玩体验。

1. 官网

格凸河官网由贵州格凸旅游发展有限公司整合公司资源，自主开发完成，官网融合展示、推广、宣传、营销、服务等各大功能，体现全新互联网营销思维，从流量导入—访问频率提升—景区价值发现的服务 + 销售 + 服务理念，让游客体验到随时随地都能便捷、快速、准确地获取最新资讯，实现便捷智慧销售—游前资讯导航—游中智慧导览导购——游后分享的全程智慧服务（如图 4-11 所示）。

图 4-11　格凸河官方网站

2.在线交易平台

"网上预订"满足时下最流行的网购人群，以最快、最便捷的方式购票，将实体门票转化为电子形式，客户预定后可直接在售票处领取门票检票入园。

（三）格凸河特色营销——综艺节目、网络剧、微电影等

格凸河通过现今流行的综艺节目、微电影等方式进行特色营销。2016 年 1 月 8 日与 1 月 15 日，两期浙江卫视在格凸河景区拍摄的真人秀节目《西游奇遇记》正式开播，携众多明星如周迅、阿雅、岳云鹏、金星等为景区做宣传。同时贵州卫视《我在贵州等你》明星旅游探险真人秀节目在紫云县国家 AAAA 级风景区格凸河进行录制（如图 4-12 所示）。节目嘉宾为极限运动达人原和玉、金发美女金小鱼、贵州卫视开心帮小夕的扮演者曹婧。这一营销极大地增加了格凸河在消费者心目中的影响力。

（四）OTA 合作

OTA(Online Travel Agent)是指在线旅行社，是旅游电子商务行业的专业词语。代表有驴妈妈、同程网、途牛网、去哪儿网、携程网、芒果网等（如图 4-13 所示）。OTA 的出现将原来传统的旅行社销售模式放到网络平台上，更广泛地传递了线路信息，互动式的交流更方便了客人的咨询和订购。格凸河根据市场需求，加强与 OTA （如途牛、同程、驴妈妈等）的合作，官方及各渠道推出二日游、自助游等打包产品在网上销售。

格凸河主张"活动—宣传—项目"三位一体的营销模式，用精彩纷呈的活动吸引眼球促进景区的宣传，同时利用宣传所引起的轰动效应促进景区项目的开发，

图 4-12　《我在贵州等你》

图 4-13　格凸河合作的电商平台

充分利用格凸河的不可思议抓住游客的猎奇心理，以大型节事活动为首塑造全方位、多元化发展的格凸河。

思考

1. 格凸河景区的主要营销方式有哪些？

2. 分析景区发展过程中影响市场营销的因素有哪些？

第五章 传奇特色：民族文化保护与社区发展

　　格凸河风景名胜区所在的紫云县历史悠久，民族文化源远流长，县内居住着苗、布依、瑶、彝、仡佬、侗等十多支少数民族，占全县人口的56%。其中苗族支系最为复杂，拥有全国三大苗族语言系、八个土语，共十五支苗族同胞，几乎占到全县人口的32%。其次是布依族，占全县人口的24%。这些民族的语言、文字、服饰、歌舞、节庆、习俗都不尽相同，蕴藏着丰富的内涵和历史渊源，体现了多民俗、多文化、多传统的独特性与丰富性，主要体现在以苗族吊脚楼建筑、园仓、洞葬悬棺，布依族的刺绣、蜡染等为代表的独特人文景观；以三月三苗族跳花节、六月六布依族对歌节、七月半的赶秋等为代表的独特民族风情。在格凸河风景名胜区内，拥有大河苗寨、亚鲁王文化遗存、蜘蛛人表演等极具特色的民族风情。

第一节　深耕民族文化、挖掘旅游潜力

一、亚鲁王文化传习所——苗族群众精神家园

（一）发现《亚鲁王》

2009 年 3 月，紫云自治县启动了全国第三批非物质文化遗产的普查，经苗学会推荐，把杨正江同志作为特殊人才从松山镇借调到县文体广电局文化馆进行非遗项目的申报工作。在县委县政府的关心重视和局班子的直接领导下，经过三个多月的艰苦奋战，走遍了紫云的山山水水，踏遍了麻山的村村寨寨，终于掌握了紫云地域的文化脉络，梳理出了六个大型非遗项目，其中的《亚鲁王》就是在当时的普查过程中发现的，同时，向省文化厅申报省级名录。

同年 9 月，在中国民协副主席余未人的直接介入下，冯骥才先生派出了以余未人为首的文字、摄影、录像等专家工作组莅临紫云进行初步的原始资料搜集。同月，贵州省文化厅把《亚鲁王》作为贵州省的首要申报项目向国家文化部申报国家级非物质文化遗产项目名录。9 月 28 日，紫云文体广电局正式成立临时的亚鲁王工作组，首站进入宗地乡大地坝村摆弄关组搜集杨光顺和杨光东两位东郎的录音，在时任大地坝村主任的杨光应家组建了临时工作点进行整理和录入。并邀请杨光应加入了亚鲁王工作组，参加搜集和整理工作。

2011 年 5 月 18 日，国务院公布了国家级非物质文化遗产项目名录，紫云自治县的《亚鲁王》名列其中。随后，一系列相关的苗学界专家学者分赴紫云对亚鲁王活态传承的文化背景进行调研。在各级党委和政府及相关职能部门的重视和

关怀下，第一部苗族英雄史诗《亚鲁王》书稿于 2011 年 11 月顺利出炉，交付中国民协审稿并转送中华书局出版。

2012 年 2 月 21 日，苗族英雄史诗《亚鲁王》第一部成果出版发布会在北京人民大会堂隆重举行，中宣部部长发来了贺信。

（二）保护《亚鲁王》

为保护亚鲁王文化这一苗族精神史诗，紫云县积极为亚鲁王文化申报国家级、省级、市级非物质文化遗产，2012 年，为了初步了解亚鲁王歌师传承的真实情况，亚鲁王文化研究中心在紫云自治县南部区域进行了拉毯式歌师普查，仅南部五乡镇的歌师就有 1778 人。资料显示，麻山地区大部分歌师年龄偏大，最年长的歌师已经 96 岁，年过古稀的歌师也不少，能够完整唱诵史诗的歌师最小也有 30 多岁（如图 5-1 所示）。针对苗族英雄史诗《亚鲁王》传承和保护工作的现实状况，贵州省民间文艺家协会名誉主席、知名女作家余未人女士说："随着全球化与信息化时代的高速发展，麻山地区与外界渐渐相通，这部活态史诗及其相关的习俗

图 5-1　非物质文化遗产亚鲁王传承人

与仪式必定难免地迅速走向瓦解甚至消亡之路。我们正处在这个时代更迭的转折处，抢救存录便成为首要工作。无形的、动态的、只在口头流传上依存的遗产变得十分脆弱，转化为文本是史诗传承的实况记录，也是长久流传的坚实基础。这是《亚鲁王》史诗出版发行的重要意义之所在。"2012年7月30日和9月1日，贵州省非遗中心和中国社会科学院民族文学研究所两个单位分别在紫云自治县挂上"《亚鲁王》研究基地"的牌子，紫云自治县也积极探索《亚鲁王》史诗抢救性的搜集、发掘、整理、研究和传承保护等工作，这对《亚鲁王》今后的抢救工作将起到重要的作用。

文化传承的核心在于人，紫云县将各个乡镇最具权威的亚鲁王文化传承人的住所打造成亚鲁王文化传习所，用于日常亚鲁王文化的传授及互相交流，紫云县境内已拥有传习所19所，其中，观音山传习所规模最大（如图5-2所示），由

图5-2 亚鲁王文化研究中心观音山工作站

亚鲁王文化研究中心主任杨正江的老家改建而成，每天有专人值班，在工作站内拥有语音记录仪器，收藏有各传习人基本信息、亚鲁王文化等资料，同时不定期开设苗语培训班。作为亚鲁王文化传承的重要物质载体，亚鲁王文化传习所为各机构、各文化之间的交流起到了良好的桥梁作用，人们在传习所进行文化交流，举行各种形式的文化交流活动。与此同时，传习所也向公众开放，游客可以前往传习所进行参观活动，与传承人进行交流，欣赏文字以及图片资料，体验独具苗族风情的亚鲁王文化，为旅途留下深刻的印象，同时也为亚鲁王文化的传承起到积极的推动作用。

（三）亚鲁王文化保护所取得的荣誉

2010年12月，中国民间文艺界著名权威专家刘锡诚先生在看到《亚鲁王》初译稿后坦言，亚鲁王的发现将会改写中国的文学史和文化史。随后国内苗学界知名专家学者先后分赴紫云调研亚鲁王文化的活态存续环境，并予以高度的评价，认为21世纪发现苗族史诗《亚鲁王》是非遗工作的奇迹。

随着《亚鲁王》的搜集、翻译和整理工作的不断推进，2012年2月21日，在北京人民大会堂召开了第一部《亚鲁王》成果出版发布会后，中央电视台3台《文化正午》栏目对杨正江做了专题报道，北京卫视、贵州卫视、人民网、人民日报、中国艺术报、贵州日报、贵州商报、贵州民族报、贵州都市报、贵阳日报等多家媒体也对此进行了关注和报道。2012年3月21日至4月20日，中央电视台新闻中心《走基层》栏目摄制组在央视首席记者徐丽莉的带领下，莅临紫云自治县的麻山腹地对亚鲁王工作团队进行跟踪蹲点日记拍摄。

亚鲁王文化的传承离不开亚鲁王文化研究中心的努力，2012年2月21日，在北京人民大会堂，中国民间文艺家协会授予杨正江和《亚鲁王》传承人（东郎）陈兴华"中国民间文化守望者"的荣誉称号。2012年6月，被贵州省青基会、贵州日报集团授予《27°黔地标》年度非物质文化传承优秀奖。2012年荣获贵州省第五届文艺奖一等奖，与2月15日发布的《国家"十二五"时期文化改革发展规划纲要》、胡锦涛同志在纪念毛泽东同志《在延安文艺座谈会上的讲话》发表70周年座谈会上的讲话、中国作家莫言获得2012年诺贝尔文学奖等事件并列为中国社会科学院评选出的当年六大学术事件。

二、蜘蛛人徒手攀岩技艺——非物质文化遗产活态传承

苗家"蜘蛛人"，苗语称"戈若"，意为攀岩的人，世代相传其有安置悬棺或掏取燕窝的特殊技能。蜘蛛人能在高达百米的悬崖峭壁上不用任何保护措施徒手攀爬，而且常在不经意间展示惊险的脱手动作，据说德高望重者可从洞壁一侧经洞内穹顶背向悬空攀爬至洞壁另一侧，这样的绝技，即使是现代攀岩者借助先进的器具也鲜有人能做到。

蜘蛛人攀岩作为格凸河境内世代相传的特殊技艺，具有危险性高、艰苦等特点，同时，由于现代技术的进步，已经不再需要攀岩掏取燕窝，所以随着时代的发展，越来越多的人选择外出务工，极少人选择继续学习这项技艺，目前能够完整掌握这项技艺的仅有六人，其中国家授牌传承人一人，在这六位蜘蛛人中，年纪最大的为54岁，年纪最小的也有36岁（如图5-3所示），在不久的将来，蜘蛛人徒手攀岩技艺将面临失传，这项技艺的发展亟须拯救。

为促进蜘蛛人徒手攀岩技艺的传承与保护，同时将格凸河这项独有的技艺发扬光大，格凸河风景区内设立了"蜘蛛人"攀岩表演项目，主要在大穿洞内左洞壁，攀爬高度108米，上下最快7分钟，观看间令人呼吸急促、心血膨胀，倍感惊险刺激。每天从上午9点到下午5点，逢半点表演一场，同时视客流情况进行加场

图 5-3　六位蜘蛛人

表演，由六位传承人轮流进行。蜘蛛人每天在景区进行攀岩表演需要一定的经济基础作为支撑，所以景区为每位蜘蛛人提供每月 900 元的底薪以及每月 280 元的岗位薪，同时从每月所有门票的总额里，拿出 25% 的金额提供给蜘蛛人，由六人进行均分。这在一定程度上为蜘蛛人的生活提供了保障，也为这项技艺的传承提供了动力。

三、大河苗寨——卓有成效的苗族生态博物馆建设

　　格凸河风景名胜区内的大河苗寨为花苗聚居地，拥有寨民 48 户。格凸河从村前流过，中有良田，环有群山，农舍星罗棋布，河岸翠竹丛生，山上终年碧绿，

水中渔舟荡漾，是理想的人居环境，难得的世外桃源。这里是《亚鲁王》史诗的主要传唱地之一，游人除可入户探寻苗家人的日常生活外，还可观赏让人记忆深刻的带有极具紫云地方特色的跳花、刷把舞、上刀山、下火海等亚鲁王歌舞绝技表演。

随着旅游业的深入发展，越来越多前来格凸河游览的游客都选择大河苗寨作为必游景点，为了让游客体会到独特的苗家风情，景区在村寨内新建了一座大河苗寨歌舞场，将当地的民族文化进行舞台化展现，表演场以苗族建筑风格为设计意向。采用瓦木石结构圆形建筑，广场面积约 700 平方米。在这里，你不仅能感受到古韵古味的苗家木楼，还能观赏到苗族人歌舞表演、上刀山、下火海的风情绝技。麦坎内尔（Mac Cannell）提出了旅游业中的舞台真实理论，他认为现代真实生活的破坏导致人们对异地、他人"真实生活"的迷恋已成为公开的话题，旅游的意识被体验真实的愿望所激发，游客也可能相信旅游体验正朝着这个方向出发[1]。所以在大河苗寨的歌舞场内，表演的节目由苗族群众自编自演，根据自己对苗族文化的理解，将自己生活中的场景运用舞蹈的方式展现给游客，如苗族的敬酒歌、闲暇时间的竹竿舞、丰收时节的舞蹈等文化都一一浓缩在半个小时的表演之中，让游客体会到真实的苗族文化。同时，通过舞台化的民族文化展现形式进行文化的传承与保护，年轻一代苗族人在学习中领略到苗族传统文化的魅力，激发自身的保护意识。

大河苗寨在建设之初就注重民族文化的原真性展现，将当地群众的日常生活与旅游发展相结合，建设具有苗族特色的生态博物馆，旅游体验与日常生活有机结合，最大限度地保护民族文化。苗族群众把对"根"的找寻与继承建立在对"真"的批判与发展上，正确把握文化发展规律、主动担当发展文化历史的责任，提高

1　刘云. 论民族文化旅游中的舞台真实 [J]. 云南财经大学学报，2007，22（2）：71-73.

文化自觉性，对苗族传统文化的发展前途充满信心。

四、苗族文化符号展示——从文化自觉走向文化自信

20世纪流行于西方的现代哲学流派符号学认为，人是符号的动物。人类生活的典型特征，就在于人能发明、运用各种符号。人的意识过程就是一个符号化的过程，思维是对符号的一种组合、转换和再生的操作过程，符号成为了人类认识世界的重要媒介。旅游过程的本质其实也是一种符号化的过程。人们在旅游活动中产生了广泛的主客互动，不同的文化形成了内涵丰富的广义旅游符号系统。旅游本身的符号意义促使旅游具有强烈的吸引力和号召力。卡西尔认为人的使命是运用符号来创造文化，人类的全部文化都是人自身以他自己的符号化活动所创造出来的产品。

旅游业的深入发展促使越来越多的游客进入大河苗寨，为提高苗寨内的旅游接待水平，村寨内的房屋由景区统一进行修护管理，在房屋维护的过程中，有意识地保留了苗族的传统文化符号（如图5-4所示），如苗族飞檐翘角的传统建筑风格（如图5-5所示）、苗族人民对于牛的图腾崇拜、苗家蜡染作品等符号在村寨内随处可见。旅游发展的同时促进了社区的发展，在格凸河景区旁的上下格丼村正在如火如荼地进行新农村建设，在村庄面貌焕然一新的同时，村庄内也增添了许多民族文化元素。当人们进入格丼村时，首先映入眼帘的便是亚鲁王文化中的牛角雕塑，矗立于村口文化广场的中心位置，足有一层楼的高度，人们看到这个雕塑能立刻联想到此处是亚鲁王文化的诞生地。在村口文化广场上，还分布着许多浮雕，其内容都是展示格凸河境内的传统文化，如苗族群众在不同节气所进行的农业生产活动，在以图片展示的同时，运用诗歌的形式进行习俗解释。同时

图 5-4　苗族族徽

图 5-5　具有浓郁民族特色的格井村

另一侧的浮雕上展示了亚鲁王的神话传说故事，让人们对亚鲁王文化有了一个初步的了解。格凸河将境内的传统民族文化以符号化的形式展示给游客，突出了景区的民族文化内涵，同时当地居民在与这些文化符号的日常接触过程中，加深了民族文化在当地居民心中的认同，提高了当地群众的民族自豪感，让当地居民更有动力、更有信心传承当地文化，更加自豪地将自己所拥有的文化展示给游客，极大地促进了当地文化的传承与保护。

五、中洞苗寨——最后的穴居部落

中洞苗寨位于格凸河畔水塘镇格丼村，离紫云县城约 30 公里，距贵阳 161 公里。中洞苗寨被冠以"中国最后的穴居部落"的名号，这个 100 多米宽、200 多米深的洞穴里，住着中国最后的穴居"部落"——20 户人家共 84 个苗族人，他们的祖辈当年为躲避战乱而迁到山里，之后定居洞中。

居住在这个天然溶洞中的居民，最初是新中国成立初期为躲避土匪逃进来的人家，新中国成立后，当地政府曾劝洞中居民搬出去，但他们还是觉得洞中生活好，冬暖夏凉。洞里的媳妇多是从洞外按照周代的"纳采、问名、纳吉、纳征、请期、亲迎"六礼，从外村接来的，也有洞内相互通婚的。洞中人过世时，由鬼师唱着苗族古歌送他东去回家。世世代代的"中洞"苗家人在此繁衍生息，过着外人很难理解的清贫却满足的生活（如图 5-6 所示）。

20 世纪 50 年代，他们这吴、王、罗、梁四个姓氏的 20 户人家从祖辈居住了百年的"下洞"往上迁徙，搬至"中洞"，这一住就是 60 年。为了让这近百口的苗族民众从洞穴中搬迁出来，当地政府花心思想了很多办法，甚至已经在不远的山下修建好新房，由于洞中冬暖夏凉，而山下的房屋冬天寒冷、夏天炎热，所以"中洞"中只有几户人家愿意走出洞穴。

图 5-6　中洞人家的生活

　　尽管他们生活在隐秘的山间，但是他们的生活却并不闭塞，媒体的偶尔报道引起了社会对"中洞"的关注，这里陆续有了生活用电，后来还有了通讯信号。生活在"中洞"的很多人家也先后买了电视机。但是这里除了电视机，每户人家基本上还是家徒四壁。

　　由于溶洞起到了对外界的天然防护作用，所以洞内居民的生活习俗未受到外界的影响，大部分保留了之前的生活习惯，如洞内居民大都穿着苗族传统服装，说苗语，展现出最原生态的苗族文化。

六、三月三跳花节——打造节庆品牌，传承民族文化

传统的民俗节庆活动是民族文化最集中的文化，同时也是最能代表一个地方民族文化精髓的形式，民族文化的传承与保护离不开对传统民俗节庆的坚守，在格凸河风景区的发展过程中，传统的民俗节庆活动得到了很好的保留。

苗族是一个能歌善舞的民族，至今仍保留着三月三歌圩对歌等传统活动，随着时代的发展，现代科技早已深入人心，在格凸河景区内，当地员工利用微信的语音功能进行对歌，在传统文化的传承过程中融入现代科技，促进民族文化的发展。

第二节　景社融合新跨越

一、输血式帮扶、造血式引领

景区发展的实质在于旅游地社区中各个利益相关者之间的协调运作，旅游业作为一种全新的经济发展模式，在促进区域经济水平提高的同时，社区的发展也与旅游产业的发展密不可分。

格凸河风景名胜区发展的核心在于人，当地原住民是景区资源的拥有者，同时也是景区的建设者，景区的可持续发展离不开社区居民的支持与协助。景区充分认识到社区居民在景区发展过程中的关键作用，始终坚持"景区发展、群众受益、共同进步"这一原则，通过景区的发展带动社区的发展，在协同发展道路上实现社区的"大跃进"，在就业率、生活水平、文化素质等方面均有大幅度的提升。社区与景区共同谱写了格凸河风景区的发展历程，构建出景区与社区和谐发展的美好画卷。

格凸河风景区内拥有大河苗寨、上格井村、下格井村三个社区，总人口2300多人，近500户，庞大的社区人口是格凸河风景区发展的强大推动力。景区的发展离不开土地的支持，在景区的建立过程中，必然需要经历土地征收这一过程，对社区内因景区发展而丢失土地的村民，按照每亩地2.7万元的标准给予经济补偿。

格凸河风景区当地居民在旅游开发之前主要以务农以及外出打工为主要经济收入来源，在景区发展过程中，为了保证居民拥有稳定的收入来源，为居民的生活提供保障，格凸河风景区将"输血式帮扶"转变为"造血式引领"，主动在景区提供工作岗位给当地村民，充分发挥居民在旅游发展过程中的主观能动性，帮助社区居民自主创造收入来源提供便利。截至目前，格凸河风景区内大部分员工来自本地社区，凭借快速发展的旅游业所带来的大量游客，社区大部分居民将自己的房屋改建成家庭旅馆，提供住宿以及餐饮服务，拓宽了社区居民的增收渠道，从旅游开发之前的家庭年收入 10 多万元增长到 20 多万元，促进了社区经济的大发展。

格凸河风景区在旅游发展过程中，充分考虑社区的意见和需要，积极引导和激发社区参与热情，社区居民不仅是旅游活动中责任的承担者，还成为了旅游发展所带来的利益分配的主体，以便在保证旅游可持续发展方向的基础上实现社区的可持续发展。

二、景社分工促发展

社区居民参与到格凸河景区的发展之中，社区的成长与景区密切相关，双方之间紧密的合作机制又对景区的发展产生强大的推动力，在双向循环互动中加强景区的核心竞争力，同时也使社区居民倍加爱护这和谐共赢关系。

格凸河景区在发展过程中时刻维护社区居民的利益，积极让利于民，让村民最大限度地享受到旅游发展带来的红利。景区为社区发展所做的努力，社区居民看在眼里、记在心里，把景区管理者看作自己的兄弟。当问到当地村民是否满意景区当前所做的工作时，每位居民都异口同声地说道："非常满意！"脸上洋溢着幸福的笑容，景区管理者与当地社区居民间的每一件事情都在和谐友好的气氛中解决。社区居民作为景区发展过程中的重要主体，在景区的日常运营与管理中发挥了巨大的作用，社区居民主动承担起景区环境卫生的治理工作，积极主动打扫景区卫生。与此同时，社区居民积极向外来游客宣传景区，在接待游客的过程中，做到热心负责，很好地承担起东道主的角色，积极为游客创造满意的游览体验，提升游客对景区的满意度。

当地居民作为民族文化发展的主体，格凸河景区在发展过程中充分发挥当地居民的主体作用，将民族文化的保护与日常生活相结合，传统文化在当地居民心中的影响力日益增强。

三、新一代农民企业家孵化站

随着社会管理体制的不断强化，政府正在开始逐渐扶持农村企业的成长，在社会经济不断发展的今天，互联网技术的进步、人均素质的提高以及资本的积累，都为新一代农民的成长提供了基础。景区经济具有连带性、扩展性和辐射性等特征，格凸河景区周边社区的经济发展势必会受到景区经济的辐射影响，景区与社区这两个看似独立的个体，实质上具有相互影响的作用。格凸河景区的发展带动了当地社区经济的发展，社区居民依靠旅游获得了一定的经济资本，同时游客的进入也带来了新的社会文化，社区居民在对外来先进文化以及先进技术的学习中，内在的资金以及知识储备正在逐渐扩大，在格凸河景区这一空间内，围绕景区这一中心，以农村社区为基地，以旅游市场为导向，将新农村建设、旅游发展与农村经济有机结合，共同培育出新一代农民企业家，所以格凸河景区的发展为新一代农民企业家的培育提供了巨大的空间。

王小毕，格凸河景区葡萄园山庄老板，作为土生土长的格凸河本地居民，格凸河的发展他都看在眼里。1997年刚开始发展旅游时，他看到旅游所带来的商机，自己单独建设农家乐，到现在已经成为景区三家农家乐的主要股东，现在他正在筹划组建农村合作社，主要业务范围集中在药材、养殖、旅游接待这三方面，召集全村村民加入，拟订统一的标准，同时有选择性地组建农家乐联合社，在旅游发展的同时促进社区居民共同富裕。对于未来的规划，他显得胸有成竹，他将来打算建设原生态的展览酒店，充分发挥格凸河的生态优势，促进社区的发展。王小毕这位苗族青年凭借自身对格凸河的热爱与信任，与景区一道描绘出格凸河发展的精彩篇章，打造出景区与社区融合的发展新模式（如图5-7所示）。

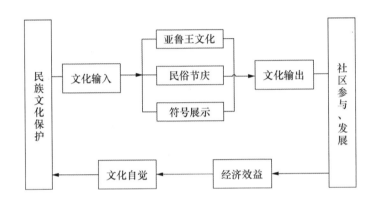

图5-7　格凸河景区与社区融合发展模式

思考

1.格凸河景区亚鲁王文化的传承对社区产生了什么影响？

2.格凸河景区在保护民族传统文化过程中的突出做法是什么？

第六章 结语

一、模式总结

格凸河景区坐拥得天独厚的喀斯特穿洞群资源和以亚鲁王文化为代表的苗族文化资源，以原生态理念引导规划，形成了在传统观光旅游基础上引入生态旅游、养生旅游、探险旅游等带有健康时尚色彩产品的"观光旅游+"模式，呈现出以生态、民俗观光为基础的大众旅游产品、以探险旅游为主打的中档层次旅游产品和以极限运动、养生旅游为特色的高端旅游产品组合。而传奇背后，奠基人从制药行业转型到旅游产业，在实践中摸爬滚打、学习总结而成的一套以坚持小型化、自然化，杜绝大型化、人工化的原生态理念和把握高端健康养生旅游新时尚，旅游产品做明天的理念为核心的经营理念才是格凸河传奇得以缔造的根本原因。在营销方面，巧用大型节事活动以及极限山地运动的事件营销，提高了景区知名度。

由于地处少数民族地区，保护少数民族文化、带动社区共赢发展成为景区义不容辞的责任。格凸河景区创造出景社融合的新模式，以亚鲁王文化传习所、蜘蛛人攀岩表演、大河苗寨生态博物馆、民族节庆等多种形式深挖民族文化潜力，引导居民参与旅游业，将"输血式帮扶"转变为"造血式引领"，促进了民族文化保护以及旅游和社区的可持续发展。

二、评述

格凸河景区以自然及人文资源为基础的旅游产品具有不可模仿性，但是在旅游产品竞争日趋激烈的今天，"坚持保有原生态"和"旅游产品做明天"等先进的经营理念值得推广。此外其营销方式独辟蹊径值得借鉴，包括借助节事营销以及积极参与网上投票排名等活动，花费小成本获得大的影响力。虽然凭借其原生态的独特魅力便引游人无数，探险旅游、生态旅游等产品也初具规模，但从景区的长远发展来看，还有以下问题需要解决。

第一，配套设施不够完善，住宿和餐饮的数量与质量有待提高，购物功能亟待加强。目前的餐饮和住宿多是当地居民自发形成，景区本身没有提供这些配套设施，对居民的经营管理也没有过多规范，因此住宿和餐饮的规范化程度都不高，服务质量参差不齐。好山好水没有好的配套设施作支撑也无法给游客带来满意的体验。景区一方面需要建设高质量的酒店、购物街等配套设施，另一方面也需要加大对社区居民的培训和管理，合力提升景区的配套设施和服务质量。目前景区在建的生态餐厅、集装箱酒店与帐篷露营酒店，住宿和餐饮服务将有很大提升，购物功能是下一步需要提升的方向。

第二，协调好景区原真性保护与开发的矛盾。不论是自然风貌还是当地文化，保持原生态的理念所代表的原真性是景区旅游产品的吸引力所在。随着大众旅游的推广，配套服务的升级，市场化运作下无疑会带来原真性的破坏和文化商品化的倾向。聚焦小众市场，发展探险旅游、极限运动等项目或许是使原真性破坏最小化或者减缓原真性破坏进程的一个方向。

第三，景区与政府的合作不够密切，目前景区多是自己投资建设，少有政府介入，但不论在大交通配套还是景区对外推介方面都需要政府更多的支持。

三、未来展望：健康养生旅游产品升级

格凸河具有开展健康养生旅游的资源优势。但目前格凸河的健康养生旅游还

处于初级阶段，健康养生旅游是未来旅游业发展的一个新趋势，格凸河应该因势利导，抢占先机，做大做强健康养生旅游大产业，打造格凸河健康养生品牌：定位高端市场，以塑造健康的生活方式为理念，以现有景区为依托，打造与自然融合的养生居所，开展"动静结合"的养生项目，最终形成"2（景区＋酒店）+N"的产业格局。

塑造健康的生活方式。现今，人们的生活节奏普遍过快，很多处于亚健康的人群，他们崇尚健康，更倾向于亲近自然，释放压力和解放自我。格凸河可以为处于亚健康状态的人提供这样一个机会。定期在闲暇时间和亲友或陌生人来一次亲近自然之旅，完全远离电子产品的"掌控"，只有人和自然，可以一个人赏神奇的自然山水，也可以和其他人一起远足、探险、释放天性。

打造与自然融合的养生居所——洞穴帐篷酒店。帐篷酒店在国际度假概念中已成为一种亲近自然的野奢风尚，它代表着现代人离开繁华都市，重新回归自然，在自然中感受另类度假体验，寻找心灵共鸣。野奢酒店考虑环保，又要顾及舒适与美，与格凸河原生态产品理念完美契合，而选址洞穴建设酒店充分利用格凸河穿洞奇观的资源优势，为游客提供独一无二的体验。住宿和休闲设施不足是格凸河进一步吸引高端群体的一大限制，洞穴帐篷酒店的打造以原生态的、健康的生活方式为卖点，为高端游客群体提供优质的养生居所。

"景区＋酒店"并不足以支撑健康的生活方式理念，格凸河还需要开展"动静结合"的养生项目为健康养生旅游产品注入生命力。格凸河是一个集大自然的静美和险峻为一体的地方，适合打造"动静结合"的养生项目。静态上，开发当地的苗药养生产品、洞穴瑜伽体验馆、生态餐厅、常规的运动项目场所。动态上，充分利用格凸河的地形优势和已有的国际攀岩线路，开发远足产品、攀岩产品、低空滑翔产品等户外休闲、惊险刺激的旅游产品。

此外，格凸河发展健康养生旅游的制约因素是当地的客源有限，市场发育度不高。格凸河应该通过提高自己的品质，从"供给侧"入手，以提高自身的吸引力为突破口，以大力宣传、品牌定位和推广为手段，吸引国内外的高端度假游客。目前，格凸河可以通过创建国家康养旅游示范基地的方法增强其在国内健康养生旅游界的知名度和影响力。

后　记

　　本案例是继《呀诺达模式》《全景栾川》《大美长白山》之后的又一部MTA案例。《呀诺达模式》侧重旅游景区管理，《全景栾川》是县域旅游目的地发展的经典案例，《大美长白山》可作为公共旅游资源保护与开发管理体制的参考，而《格凸河传奇》是西南少数民族地区旅游资源开发的典范。格凸河景区的开发模式、产品经营理念、营销方式以及少数民族的参与方式为偏远地区涉及少数民族的景区开发与管理提供了经验借鉴。调研过后，我们深切感到了格凸河景区领导班子思想的远见与前瞻性，"以原生态为特色，秉持把握健康养生旅游新时尚""旅游产品做明天"的理念，将格凸河景区打造成了一代传奇。我们期待格凸河景区更加传奇的未来。

　　全书由邹统钎教授拟定大纲，统一组织编写；由邹统钎、杨丽端、赵英英、王畅负责统稿和文字编辑。具体分工如下：第一章由高子纹主笔；第二章由杨丽端、刘越主笔；第三章由赵英英主笔；第四章由王畅主笔；第五章由晨星主笔。

　　本书是在格凸河景区董事长杨维虎先生的特别关照和耐心指导下撰写的，杨维虎先生还参与了部分章节的写作、悉心安排工作人员配合课题组成员在景区的调研工作，并提供了翔实的资料。感谢陈思安总经理、刘雷雨经理、吴丽蒙经理以及所有景区工作人员对我们工作的大力支持。同时，衷心感谢经济管理出版社王光艳主任的编辑工作，正是她耐心细致的跟进才使此书出版得如此顺利。

　　因时间仓促，本书在编写过程中难免有所疏漏，再版时我们将会根据读者的意见补充完善。本书得到了国家自然科学基金项目——基于地格视角的旅游目的地品牌基因选择研究（项目编号：71673015/G031031）、2015年北京社科规划基地项目——"一带一路"背景下京津冀旅游一体化战略研究（项目编号：15JDJGA006）、教师队伍建设——组织部高创计划教学名师（项目编号：PXM2016-014221-000010-00206291-FCG）的资助。

邹统钎

2017 年 10 月 28 日